憲法が生きる市民社会へ

【鼎談】
内田　樹、石川康宏、冨田宏治

日本機関紙出版センター

1. 今の世界をどうみるか

目の前に展開する凄まじい世界

冨田宏治　みなさん、こんばんは。今日は鼎談ということですが、内田さん、石川さんお二人のビッグ対談だと捉えて、私は議論の方向などの交通整理役として参加し、時にチャチャを入れたりしながら、基本的には対談のサポート役に徹したいと思います。

さてその内容ですが、大きな流れとしてはまず最初に世界全体のこと、それから世界の中での日本のこと、そして特に日本政治の劣化の問題などをお話いただき、

休憩を挟んで最後にみなさんからの質問にもお答えしながら、今後の展望についてお話いただく予定です。たぶん予定通りにはいかないとは思いますが、よろしくお願いします。

まず世界のことについてということですが、現象的にはわずか8人の世界の富豪の資産が世界の下位36億7500万人の資産を上回っているという凄まじい世界が目の前に展

開しています。おそらくこんな世界は初めてじゃないかと思うのですが、そんなことを背景にしながら一方で、トランプ大統領を代表とする不寛容で排外的なポピュリストが跋扈し、その下で国民的な分断が進んでいる状況があります。また一方では、核兵器禁止条約の採択に見られるように国際社会に大きな変化の兆しも現れています。こうした世界の有り様について、先ほどの打合せでは、石川先生に口火を切っていただくことになりましたので、まずはどんなふうに見ていけばいいのかということからお話いただきます。

格差拡大の背後にあるマネー経済の肥大化

石川康宏　こんばんは。内田先生に口火を切ってもらおうと思ったのですが「僕は喋りだしたらあれこれ突っ込んでしまうから、大枠の話を先に石川さんから」とのことでした。これ案外よくある分担関係なんですが（笑）。それから核兵器禁止条約については、みなさんご存知のように原水爆禁止世界大会の宣言を起草されているのは冨田さんですから、そこは冨田さんにしっかり語っていただくのがいいと思います。もっとも時間がゆるせばということですが。

さて、いま提起された世界的な規模での貧富の格差の拡がりやアメリカなどで排外主義が表に出てきたという状況についてです。今日的な貧富の格差の拡がりについては、1989～91年のソ連・東欧崩壊をきっかけに、アメリカの財界と政府が経済グローバリゼーション戦略という形で、新自由主義的改革を世界に強要し始めたのが直接のきっかけだと思います。日本の政府はそれを「構造改革」という名前で受け入れました。その時の新自由主義的改革の主軸に金融の自由化がすえられており、これがその後の経済の金融化、株主資本主義化、マネー経済の肥大化などといわれる、博打でお金を儲ける経済の領域を急拡大させることにつながりました。そのことが一方で企業の儲けの配分を、労働者から株主や経営者により大きなものに変更し、他方でマネー経済の分野で儲けが得られる人とそうではない人との格差を大きくしていきました。実は、アメリカが金融の自由化を世界に求めるようになり、経済の金融化を開始したのは、1970年代初頭に各国通貨の交換制度が変動相場制になってからなのですが、その後の急速な資本主義の変化については、総括的な研究が求められています。

その一方で、そうした格差の広がりに対する反撃が始まっているというのも、今の局面の大きな特徴の一つだと思います。少し時間を追って見ておくと、トランプのアメリカでは、２００７年ぐらいまで例のサブプライムローンを組み入れた金融商品の高騰によるバブルで景気が支えられ、一般庶民の側にも年金基金の運用などでマネー経済の恩恵が多少なりとも落ちるという仕組みが生きていました。それが２００８年のリーマン・ショックで壊れます。壊れた瞬間がちょうど大統領選挙に重なっており、ブッシュからオバマへと政権が替わりました。オバマ政権はただちに大手の金融機関や大企業の救済に乗り出し、これに成功していきます。しかし、他方で富裕層から中間層に支援の重点を移すという政策は、共和党の特にティーパーティ派などからの巻き返しもあって、思うように進めることができませんでした。

従来政治の行き詰まりとトランプ、サンダースの登場

ちょうどその時期、２０１１年頃に「われわれが99%だ」「ウォール街を占拠せよ」という運動が出てきます。これは直接の関係があったわけではないでしょうが、オバマ政権がかかげた中間層支援の政策と一定の共鳴関係があったと思います。しかし、その後も共和党右派からの強い抵抗があって、なかなかこれを実施することが

できない中で２０１６年の大統領選挙となりました。

　この選挙では、驚いたことが二つありました。一つはドナルド・トランプのような人物が大統領になったということで、もう一つは民主的社会主義をかかげたバーニー・サンダースが若者の中に大旋風を巻き起こしたということです。サンダースの方から話しをすると、彼が言う社会主義は、かつてのソ連や今日の中国につながるような社会主義ではありません。大富豪、大企業ばかりを優遇するのでなく、たくさんの人の暮らしをきちんと支える政治を行っていこうということで、具体的には北欧型の社会をイメージしたものです。それは一方では、貧困は自己責任だから甘受しろという弱肉強食社会への反発を意味しますし、他方では、社会主義という言葉の持つイメージが変わってきているということも示しています。アメリカにはもともと社会民主主義の左派を束ねようとする「アメリカ民主的社会主義者」という団体がありますし、加えて、ソ連・東欧崩壊から4半世紀が経過して、「社会主義」という言葉に対するアメリカ市民の不信も薄れているのかも知れません。

　もう一つ、オバマの後になぜトランプなのかということですが、トランプは民主党の大統領候補となったヒラリーを「財界から金をもらっている既成政治家」「これまでのやり方を転換できない人物」と酷評しました。本当はトランプ自身が実業家として財界の一員であり、バリバリの新自由主義者なのですが、それを隠して「既成政治家」を批判したわけです。これまでの政治を肯定したのでは、当選できないと考えてのことでした。さらにトランプは「アメリカの労働者を守れ」ということを強く訴えました。貧富の格差の中で疲弊している労働者を味方につけなければ、大統領になることはできない。そういう判断を余儀なくされたということです。ただし「アメリカの労働者を守る」ためにトランプが必要だとしたのは、新自由主義の政策を転換することではなく、中国や日本の企業や政府を攻撃し、またメキシコの労働者たちを批判することでした。これが強烈な排外主義の主張につながります。本当の問題は大企業・大富豪がやり放題できる経済の仕組みとこれを優遇する政治にあるのですが、そこから国民の目をそらせるために「敵を外につくった」のです。こうしてみるとトランプの排外主義も、単純な右派の台頭ではなく、排外主義以外に現実をごまかす術がない、そういう従来型の政治の行き詰まりのあらわれでもあると言えるでしょう。ここはしっかり見ておくべきところだと思います。

他方で、イギリスでは二大政党の一つである労働党で「資本主義の根本の修正」をかかげたジェレミー・コービンが新しい党首になり、スペインでは若者に人気の左派のポデモスという政党が議席を増やし、ギリシャやポルトガルでも従来型の国民に緊縮を強要する政策を批判する新しい政権が生まれています。ヨーロッパでも貧富の格差の拡大を背景に排外主義の一定の台頭があるわけですが、同時に、格差そのものの是正に向かう新しい力があらわれており、そういう意味では、ソ連・東欧崩壊以後のアメリカ主導での経済グローバリゼーション戦略が開いた局面は、すでに行き詰まりと転換の必要に直面しつつあるように見えます。

市民と野党の7項目の合意

日本の政治については、後ほどまとまった議論があるでしょうが、「市民と野党の共闘」が掲げる7項目の合意にも、格差の是正に向かう政治づくりのビジョンが含まれています。7項目は縮めていうと、(1) 安倍政権が進めようとしている9条改正に反対、(2) 特定秘密保護法、安保法制、共謀罪法などの白紙撤回、(3) 福島第1原発事故の検証のないままの原発再稼働は認めない、(4) 森友・加計学園、南スーダン日報隠蔽の疑惑を徹底究明、(5) 保育、教育、雇用に関する政策を飛躍的に拡充、(6) 8時間働けば暮らせるルールを実現し、生活を底上げする経済、社会保障政策を確立する、(7) LGBT(性的マイノリティー)への差別解消、女性に対する雇用差別や賃金格差の撤廃など、です。大企業や富裕層への負担拡大という政策はまだ入っていませんが、市民生活の土台を引き上げるという政策は、（5）（6）（7）などにははっきりしています。この点については、また後ほど。

冨田　ありがとうございました。では石川先生のお話を受けて、内田先生からお願いします。

階層の2極化で経済は停滞へ

内田樹　今夜はお寒い中、たくさんお集まりいただきありがとうございます。先ほど控室のモニターで会場内の様子を見ていて、やはり年齢層が高いなあ、どうして政治的な集まりに若い人が少ないのかなと思いました。高齢者の方たちはこのあと日本がどうなっても、なんとかなっちゃうわけですよね。だけど、若い人たちはそうはいかない。これから30年、50年と長期にわたる歴史的な変動が自分たちの生活に直接影響するはずなんですよね。でも、それにもかかわらず政治的な問題に関して無関心である。それがたいへん不安です。

今、石川先生がお話くださいました。例によって彼は本

当に話をまとめるのが上手なので、中心的テーマを提示して頂きましたが、それはやはり「格差の拡大」ということになると思います。先ほど冨田先生が世界の富豪8人の資産が世界の下位36億7500万人の資産を上回っているという異常な階層の二極化に触れられましたが、階層が二極化すると、当然ながら経済が停滞する。当たり前ですけど、8人の富豪がどれほど天文学的な個人資産を持っていても、消費活動はたかが知れているからです。8人では買うものだって限られている。36億7500万人の消費活動と比べると、微々たる消費活動です。身体が八つしかないのですから。ご飯を食べても、服を着ても、家を建てても、自家用ジェット機を日替わりで乗るとか、色違いのフェラーリを日替わりで乗っても、召使いや執事をそこらじゅうに侍らせても、作り出せる消費活動はたかが知れています。だから、「金で金を買う」以外にすることがない。手持ちの金で株を買い、債権を買い、石油を買い、不動産を買う…でも、これらはどれも貨幣の代替物ですから、幻想と幻想がやり取りされているだけで、そこでどれほど巨額な金が動いても、実体経済にはほとんど関わらない。

誰もこのシステムを止められない

ですから、富が一部の超富裕層に偏在するようになると、必ず経済活動は低迷する。当たり前のことなんです。にもかかわらず、今の経済システムは、ひたすら貧乏人を増やして、超富裕層に富を偏在させている。市場に委ねているとそういうことになるのですが、経済的には緩慢な自殺に等しいのです。でも、「これではまずい」という政治家もエコノミストもいない。全員がぼんやり手を束ねて階層差の拡大をさらに推進する方向に流されている。一握りの超富裕層に権力も財貨も文化資本もすべて排他的に集中するような構造を作ったせいで、経済活動が鈍化して市場が縮減して、消費活動が不活性化し、知的な生産も停滞している。これでは先がないということは現に受益している超富裕層の方たちもわかってると思うんです。こんなことしていると「そのうちえらいことになる」というのはわかっている。でも、止められない。誰もこのシステムを止められない。

市場に委ねている限り、この自殺的なプロセスは止められない。だから、大胆な政治的介入が必要になる。再分配の仕組みを作り直して、力業で社会的な平等を達成しないと、遠からず市場経済そのものが回らなくなる。

過去20年間に世界各地で、中間層の空洞化没落というのは劇的なスケールで進行しました。日本の場合、かつては「一億総中流」と言われた時代がありました。自分のことを中産階級であると自認している数千万人規模の巨大なボリュームゾーンが日本社会の根幹を支えていた。この集団が急激に痩せ細って、空洞化している。世界中どこでも同じことが起きている。

ＡＩ導入で職種がまるごと消失も

そこにさらに追い打ちをかけるように、ＡＩの導入による製造業の空洞化が予測されています。中間層を形成したのは主に製造業ですが、この製造業の分野の雇用が減少する。僕は『フォーリン・アフェアーズ・リポート』というアメリカの政治外交誌を定期購読していますが、昨年の夏頃に「アメリカにおける雇用の喪失」というテーマでエコノミストが集まって議論していました。その中では雇用喪失にどう対処するかという議論の中で、ベーシックインカムの導入の可否についても言及されていました。アメリカのエコノミストがベーシックインカムを議論して、社会福祉のシステムを充実させないとアメリカ経済が破綻するという話をしていることに僕は驚きました。

ＡＩの導入とは、職種によっては30～40％の雇用が短期間に消えると予測されています。ある産業分野そのものがまるごとなくなるということが起きる。どの職業に、どういう形でＡＩが入ってきて、どういうふうに雇用がなくなっていくのかはまだ予測がつきません。

高度専門職である弁護士でさえ雇用が減少する。弁護士業務の相当部分は過去の判例の検索だそうですが、それをこれまでは手作業でやっていた。ハリウッド映画の法廷ものですと、弁護士チームが一部屋借り切って、徹夜でそういう作業を手分けしてやっている場面があります。ＡＩが導入されるとあれが一瞬で終わってしまう。巨大なデータベースを超高速でスキャンするのはＡＩの最も得意とする仕事ですから。マッキンゼーの予測では、法律業務の23％がなくなるそうです。ということは今いる法律家の4分の1が失業するということになる。

これは友人のカリフォルニア大学の医学部の先生から聞いたのですが、医師も雇用喪失に直面するかも知れないと言われている。この会場に医師の方がおられたら、なんだか不吉な予言をするようで申し訳ないのですが、検査のデータを見て診断を下すという仕事、これは人間とＡＩでは効率も精度も桁違いです。人間の医師は自分の記憶している範囲内の症例から推論するしかないわけですけれど、ＡＩは電子データになっている過去のすべての何百万という症例を一瞬でスキャンして、検査の数値から、この患者はどういう病気である可能性が高いかを直ちに診断してくれる。どの病気なら、どういう診療方針をとるべきかまでアドバイスしてくれる。

加えてアメリカではすでに遠隔医療が導入されています。検査データを入力してから、ディスプレイの向こう側の医者と話をして問診してもらう仕組みです。これも今ではかなりの部分までがアウトソースされています。アウトソーシング先はどこかというと、これがインドなんです。ディスプレイの向こう側にいる医者がインドにいる。どうせディスプレイ越しですから、隣町にいようと、地球の裏側にいようと、「遠隔」という点では変わりがない。ちなみにアメリカのコールセンターはほとんどフィリピンにあるそうです。家電の具合が悪くなったとか、ＰＣが作動不良であるとか言って電話すると、電話の向こうの人たちはフィリピンにいるわけです。

ウォール街のエコノミストたちの心配

アメリカでは人件費コストをカットするために、人件費の安い海外にアウトソースできる領域はどんどんアウトソースしてしまった。その結果、国内の雇用が減った。そこにもってきてＡＩが導入された場合に、どの産業分野が、いつの段階で、どういう形で、大規模な雇用喪失に直面するかがわからない。いろんな人がいろんなことを予想をしていますが、やっぱりわからない。わかるのは「いずれ大変なことが起こる」ということ、たぶん中産階級が消滅するだろうということだけです。アメリカの市民社会の中核を担っていた中間層がいなくなって、一部の高度専門職が富裕層に浮上し、ほとんどが貧困層に転落する。

アメリカと言えばリバタリアンの国ですから、ある産業分野で雇用が失われ、労働者たちが路頭に迷っても「それはテクノロジーの進化で雇用喪失するような先のない業界に就職した本人の不明の致すところであるから、自己責任で飢えるべきで、税金で支援すべきではない」というようなことを平然と言い放つ人が伝統的にはいたわけです。でも、さすがにそういうリバタリアン的暴言を吐く人は今のアメリカでは少なくなってきた。それだけ雇用喪失が切迫してきたということです。何百万人という労働者が、短期間に、一斉に雇用を失うかも知れない。それを「自己責任だ」と放置することはできません。放置すれば、失業者が路頭に迷い、経済は冷え込むし、治安は悪化する。ラストベルトが全米に拡がることになる。とにかくこの人たちが次の仕事に再就職できるまでの訓練期間は、連邦政府や州政府が彼らの生活を見なくちゃいけない。だから、ウォール街のエコノミストたちが「ベーシックインカムをどうするか」とか、「失業者の雇用保障をどうするか」というような社会民主主義的な政策についてその適否を議論し始めているのです。市場に委ねていたら大変なことになる、政治が強い指導力を発揮しなければならないというようなことをエコノミスト自身が言うような時代になったのです。

やがて新聞もテレビも

同じことはアメリカに少し遅れて日本でも起きるでしょう。ＡＩの導入で雇用喪失が起こりますが、加えて日本の場合は、少子高齢化による急激な人口減があります。人口減によって産業構造に劇的変化が起きることは間違いない。でも、どの産業セクターが、どういう形で消滅するのか、今のところ予測できません。

ある年齢層をメインターゲットにしている業種がありますが、この業界はその年代層がいなくなるとなくなる。当然ですね。例えば新聞がそうです。新聞の閲読率（1日に15分以上読む人の割合）は70代の人が70％、これが40代になると20％になります。40代の5人中4人は1日に15分以下しか読まない。さらに10代になると、なんと4％です。10代の人の96％は1日に15分さえ新聞を閲読していない。しかもこれは新聞だけじゃなくてネットで配信されるニュースも含めての数字です。今の10代はニュースを見ない。新聞も読まない。ということは、70代を相手にして存立しているビジネスモデルはあと何年かしたら、もう持たなくなるということです。70代の方がたくさんおられる会場で言うのもあれですが、新聞はみなさんが退場されるといきなりビジネスモデルとしては立ち行かなくなってしまう。

新聞と同じように民放テレビもそうですね。今テレビを観ている人の平均年齢はすごく高い。おそらく60代以上がテレビ視聴者の大半でしょう。若い人はもうテレビなんて観ません。僕の周りにもテレビを観てる人はほとんどいません。テレビ番組のことが話題になることもほとんどない。先日、僕の知り合いの若い20代の夫婦は引越しの時にテレビを捨ててました。「邪魔だから」と言ってました。テレビ受像機を捨ててしまうというのは一昔前までは考えられなかったことでしたが、それぐらい年齢によってライフスタイルが変わってきている。高齢者に依存している高齢者ビジネスというのが日本にはたくさんあり、それがかなりの部分まで日本の製造業やサービス業を支えてきたわけですけれど、いずれ高齢者市場そのものが縮小する時点でビジネルモデルとしては崩壊してゆく。

僕は2012年まで「朝日新聞」の紙面審議委員をしていたのですが、その時点で部数減が年間5万部でした。僕が「これでいいんですか？」と聞くと、当時の「朝日新聞」の偉い人は「800万部ありますから1年で5万部減っても、ゼロになるまで１６０年かかります」と豪語しておりました。ところがそれからしばらくして、２０１５年にいきなりドンと年間45万部減った。減り方のペースが９倍になった。次の年は32万部減でした。このまま減り続けると、あと15年ぐらいで収益事業としては成立しなくなる。「売り上げがコストをカバーできなくなったらどうするのですか？」と聞いたら、「うちには不動産がありますから、テナント料と不動産の売却益でなんとか新聞を発行し続けます」と言われました。その程度の危機感は中の人たちにもあるのです。でも、不動産のテナント料で発行する新聞が果たしてジャーナリズムとしての社会的責務を果たし得るのか。

進行する国民的分断

いつ、どういうかたちで、どの産業セクターが雇用崩壊を来すのか、正確には予測はできません。言えることは、日本の「一億総中流」という社会的構造が戦後民主主義を支えてきたと僕は思っているのですが、それが空洞化していき、市民たちが砂粒化、原子化して、一人ひとりが別の仕方で、別の世界を見るようになってゆくだろうということです。

さまざまなクラスターに細分化し、それぞれのクラスターごとに見ている世界が違う。後ほど国民的分断ということが話題になると思いますが、「産経新聞」を読んでいる人と「赤旗」を読んでる人では、例えば今の日本で何が起きているかということについて、すでに客観的事実を共有していない。同一の現実に関して違う評価をしているというのであればよいのです。「俺はこの現実をこう思う」「いや、俺はこう思う」というところで対話や合意形成ができる。目の当たりにしているのが同一の現実であれば、対話や妥協や修正が可能です。でも、見ている現実そのものが違うとなると、「俺は現実を見ている。君の見ているのは幻想だ」ということになる。そうなると、その両者の間ではいかなる対話も成立しない。

今日本で進行しているのは、まさにこのような国民的分断です。それは同一の現実に対して違う評価をしている人たちの間の対立ではなくて、違うものを見ている人たちが、自分が見ているのが本当の現実で、自分以外の人が見ているのは幻想だと思っている、そういうかたちのすれ違いです。取り付く島がない。

かつては発行部数が1000万部とか800万部、500万部というような全国紙が存在していましたが、扱われている現実は基本的には同じものでした。報道されている事実関係について争うということはなかった。同一の現実をどう評価するか、どう見るかという適否の判断は違っていたけど、「今こういうことが起きている」ということについては国民のほとんどは認識を共有していた。事実関係において、「あった」「なかった」というような争いはなかった。だから、対話や妥協が成立して、国民的な同意形成が成立し得た。民主主義というシステムがなんとか働いていたわけです。

ところが今起きている国民的分断が続けば、民主主義という仕組みそのものが機能を停止してしまう。民主主義というのは市民の個人の意思で作り出され、機能するというものではありません。それもまた社会構造や産業構造と不可分のものです。社会構造が変わると、国民の政治意識が変わらなくても、民主主義の存立基盤が崩れるということはあり得る。民主主義はいま現に崩れつつあるわけですけれど、別に「民主主義を壊してやろう」というような積極的な意思があって、それが成果をもたらしているわけではありません。社会の仕組みが民主主義が機能しづらい方向に変化しているのです。

「時代の気分」にジャストフィットする政治

昨日、国会中継を見ていました。長妻昭議員と安倍晋三首相が質疑応答をしていましたが、彼らはもう同じ世界にはいないという印象を受けました。長妻議員が質問をして、カメラが切り替わって「安倍晋三君」と言われて立ち上がると、質問されたことと全く違うことを話している。文脈が違うというようなことではなく、別の世界の話を、別の言語で語っている。同じプラットフォームの上に立って、「自分はこの事実に対してこのように考えた」「私はそれとは違うように考える」「あなたがそう考えた根拠は何か」「それはこうこうである」というふうに本来なら論争は進行するわけです。相手が自分と同じように論理的思考ができるという前提があるからこそ反論ができる。相手も自分と同じように合理的に推論するなら、この前提からはこういう帰結が導かれるはずだという相手の知性に対する信頼がなければ議論ということはできません。論理的思考ができる相手としか対話はできない。でも、今は合理的に推論できない相手と向き合っているという無力感を相手に与えることができる反知性主義的な政治家の方が論争の場では優位に立てる。

安倍晋三は20年ぐらい前なら政治家としてまったく評価されなかったはずですが、今は巨大な権力を持っている。それは、同一の現実について情理を尽くして議論する能力を、もう誰も政治家に期待していない時代に遭遇したからです。彼はむしろ国民的分断そのものを体現している。自分と政治的意見の違う人間の言っている言葉はすべて虚妄であるので、耳を傾けたり、理解しようと努力するのは時間の無駄だ。そういう態度を剥き出しにしているわけですが、それが「時代の気分」にジャストフィットしている。

「正直であれ」と政治家に向かって言わなきゃいけない時代

先ほど石川さんはこれが世界的なことだと言われましたが、アメリカもそうですよね。共和党の支持層と民主党の支持層ではもう観ているテレビニュースが違う。FOXニュースを観る人とCNNニュースを観る人では、もう見ている世界が違う。それぞれの支持者に聞いてみると、民主党支持者は「共和党の連中は幻想を見ていて、現実を知らない」と言い、共和党支持者は「民主党の連中は幻想を見ていて、現実を知らない」と言う。お互いに自分だけが現実を見ていて、相手は幻想を見ていると思っている。だから、議会内部でも、民主党右派と共和党左派という中間的な立場の議員がいなくなった。このような中間的立場の議員たちが議会内での両党の間の対立を緩和し、折衝して合意形成をする時の仲介をしていたのですが、民主党の中の右寄り、共和党の中の左寄りというようないわば「ヌエ的」な、両方の橋渡しができる議員がいなくなった。

ヨーロッパでも事情は変わりません。排外主義的な極右政党が各国に登場して、大衆的な支持を集めている。ドイツでも、フランスでも、イギリスでも、オランダでも、オーストリアでも、ハンガリーでも、ポーランドでも…、とにかく新聞を開くと選挙のたびに極右勢力の進出が報じられている。どこでも「民族純化」と「移民排斥」を説き、「よそ者は出て行け」「集団は純粋であるべきだ」と主張する人たちが政治的な存在感を増している。

「じゃあどうすればいいのか」とすぐに聞かれますが、簡単に答えが出るのなら苦労はありません。とにかくここはまず、極めて悲惨な現状があると、これはさらに悪い方向に進んでいくだろうということを認めるしかない。この現実についての認識は共有しないといけないと思います。非常に苦しい、胸痛むことですが、その現実を見つめていかないと話が始まりません。

つい先日、ある自治体に招かれて、知事や県職員たちとお話をしました。その時に「先生、政治家として一番大事なことは何でしょうか」と聞かれました。僕が「正直、ですかね」と言ったら、周りにいた人たちがはっとしたようにノートを開いて「正直」って書いていました。よほど意外だったんでしょう。でも、本当にそうだと思うんです。正直に、自分が現に見聞きしたことを語り、それに基づいて、それをどう評価するか、どう分析するか、どういう対策を講じるかを考える。ファクトに基づかないで議論することはまったくの時間の無駄ですから。自分にとって都合が良かろうが悪かろうが、ファクトはファクトです。いま僕は正直に自分が思っていることを話しています。話していることの中には僕たち自身にとって耳を塞ぎたいような「不都合な真実」が含まれていますけれど、真実の上に立脚して議論していかないと話にならない。厚労省がやったように、不正確なデータに基づいて3年間も議論するというようなことは純粋に時間の無駄です。これを議員たちの時給に換算したら、すさまじい税金の無駄遣いですよ。正直がいいんです。Honesty pays in the long run という諺が中学生のころの教科書にありました。「正直は長い目で見れば引き合う」。正直にやりましょうということをある程度成熟している政治家に向かって言わなきゃいけない、それくらいにひどい状況になっているということです。

2．日本の政治をどうみるか

お互いに見ている世界が違う

冨田　ありがとうございました。まさに国民的分断という問題にも触れて、日本の政治にも大きく踏み込んだお話をしていただきました。実際のところ僕らはお互いに「フェイクだ、フェイクだ」って言い合っているわけですが、お互いに見てる世界が違うので、相手にとってはフェイクでもなんでもないわけなんですね。お互いに違うものを見ているので、私たちにはフェイクに見えるけど、向こうでは私たちのほうがフェイクに見えるということです。だからすごく印象的だったのですが、お互い見る世界が違う以上、そこには対話が成り立つ余地がないということなのです。こんな状況が世界でも、日本でも残念ながら進んでいる。そういうことなのだろうということです。

例えば北朝鮮からミサイルが飛んできたらという話ですが、ここにメルカトル図法の地図を持ち出してみると、北朝鮮からミサイルをワシントンに向けて飛ばすと、ちょうど日本の上空を飛ぶように見える。だけど、これはフェイクですよね。本当は地球儀で見ないといけない。すると北朝鮮から飛んだミサイルは中国、ロシアの上空を通り、北極、カナダの上空を通過してワシントンに落ちることになります。大体のメディアはメルカトル図法の地図を見せて報じますので、あれはフェイクだと私たちは言いますが、実は相手にとっては、フェイクでもなんでもないんです。見てる世界が違うのですから。彼らにはメルカトル図法の世界しか見えていない。だからそこでは対話は成り立ちません。

僕らはメディアがフェイクを流すと言い、またトランプ大統領もメディアはフェイクばかりだと言う。しかし、それを検証するというプロセスはどこにも現れてこない。こうしたことが世界でも日本でも共通の現象として起きているということなんですね。

では石川先生、国民的分断というお話が出てきましたが、日本の政治の今の有様についてどのようにご覧になっていらっしゃるのでしょうか。

経済社会の「賢明な管理」が再び語られはじめた

石川　まず、内田先生のお話を受けてつなげてみると、アメリカの『フォーリン・アフェアーズ・リポート』が貧富の格差の是正を、貧困者の人権擁護の問題としてだけでなく、経済運営に不可欠な政策として語っているという点ですか、それはアメリカの中に長くあった伝統的な経済政策なんですね。

１９２９年にアメリカ発で「世界大恐慌」が起き、その時にルーズベルト大統領がニューディール政策を打ち出しましたが、それが出発点です。ルーズベルトは完全雇用を目指して公共事業を拡大し、それによって失業者にもう一度仕事を届け、経済社会全体の生産と消費の大きなギャップを埋めようとしました。あまりに大きすぎる生産と消費のギャップから大恐慌は起きているのだから、これを埋めるために社会の消費力を引き上げなければならない。そのためには個人消費を引き上げることが必要で、市民の生活水準の回復あるいは向上が必要だとしたわけです。これがいわゆる「ケインズ主義の政策」ですね。

しかし、アメリカでのケインズ主義の政策は、政府の財政赤字をどんどん拡大して、１９７０年代に大きく転換していきます。イギリスの経済学者で、財政政策にも深くかかわったジョン・メイナード・ケインズは、資本主義には「賢明な管理」が必要だとしましたが、その一定の「管理」の時代が大資本野放しの新自由主義の時代へと逆転するのがこの時期でした。ここから先に述べたようなマネー経済の肥大化、貧富の格差の拡大が進められます。一時期、ピケティの『21世紀の資本論』

が話題になりましたが、あの本の大きな貢献は、戦後の1960年代に一時的に縮小した貧富の格差が、70年代以降世界的な規模で再拡大していることを多くのデータで実証したことでした。より大きくいうと、長い資本主義の歴史の中で、格差が縮小したのはこの戦後の一時期しかないことを明らかにしたのが大きな功績です。そういう中で、あらためて『フォーリン・アフェアーズ・リポート』のようなアメリカの政治に大きな影響力をもつ伝統的な専門誌が、実質的に経済社会の「賢明な管理」を再び語らずにおれなくなっていることは、アメリカの経済政策が新たな転換の節目の時期に来ていることを示していると思います。現在のアメリカ財界でもっとも強い力をもち、政府の政策に大きな影響を与えているのは金融界ですから、この「金融覇権」をゆるがすだけの大きな運動がアメリカ国内で、また世界的な規模で展開されるのかどうか。ここが鍵になってくるでしょう。

「真の敵」を見据えること

日本社会における国民的分断については、貧富の格差を肯定する経済的な支配層——大企業経営者等1500人ほどで構成される日本経団連が代表ですが——から出てきた「貧困の自己責任」論が市民社会の内部に分断と対立を生み、またその貧困への不満が財界や政府などの「真の敵」に向かうことを避けるための排外主義、ヘイトスピーチやヘイトクライムがこれをさらに深刻化してきました。排外主義についていては質の悪い右翼団体が先頭に立ちましたが、その活動を財界も政府も大きくは容認し、活用してきたと思います。深刻な問題ですが、対応策を考えるための大前提は「われわれを貧困に追い込んでいる社会の構造は何か」「それをつくりあげ、維持しようとしているのはどういう人たちか」を、多くの市民がはっきりつかんでいくことだと思います。

世界的には、そういう対決の焦点をしっかりつかんだ取り組みも行われています。最近の事例では、ドイツの全金属労組が部分的ではあっても週28時間労働制をかちとりました。ドイツはそもそも週35時間労働制が労働協約によって実現されている国ですが、その労働者に子育てや介護で特別の事情が生まれた時には、2年間に限ってのことですが、給与を減らすことなく週労働時間を28時間にするというものです。どうやって実現したかというと、直前には各地で合計50万人がストライキに参加したそうです。交渉の相手はもちろん経営者、業界団体です。ドイツは労働組合の組織率がそんなに高いわけではありませんが、労働組合の交渉成果は、日本のような個別企業に限られず、産業分野全体に適用されていきますから、これを支援する組合員以外の労働者もたたかいに参加するのです。日本でも財界都合での「働かせ方改革」が国会で議論されていますが、「真の敵」をしっかり見据え、多くの市民が力を合わせるという点では、学ぶところが多いのではないでしょうか。

世界史の流れに逆行する「海外で戦争する国づくり」

それからアメリカと北朝鮮の戦争の危機をめぐる問題は、それこそ冨田さんの専門領域ですが、互いが挑発しあって緊張が高まっていく一方だった時に、世界各国から「21世紀に核戦争だなんて、一体何を考えているのか」という声がたくさんあがりました。両国で話し合いができないのならわれわれがあいだに入ると、スイスのロイトハルト大統領やドイツのメルケル首相が手を挙げました。いずれも女性です。こうした中でアメリカの国際的な地位、国際的な威信がますます低下していることも現代世界の大きな特徴です。

少しふりかえっておくと、2003年にイラク戦争を始めたのはブッシュ大統領でしたが、ブッシュ政権は第1期と第2期で国際社会へのスタンスがかなり大きく変わっています。国際社会の努力を無視して一方的に開始したイラク戦争や地球温暖化問題での京都議定書からの離脱に対する強い批判、他方での中国はじめ当時

「ＢＲＩＣｓ」と呼ばれた国々に代表される新興工業諸国の台頭などを前に、威信回復の努力を開始せざるを得なくなったのでした。しかし、イラクには大量破壊兵器がなかったことが明らかになり、ブッシュ政権下での威信の回復はなりませんでした。後を次いだオバマ政権は、温暖化ガスの排出量削減の計画を立て、戦争の不拡大を主張し、「核兵器の廃絶」を訴えるなど、外交路線の大きな転換を目指します。しかし、それは先の経済政策同様、国内の反対派の抵抗もあって妥協や調整を余儀なくされました。とはいえ、威信回復への一定の効果があったかと思います。それを元の木阿弥以上に破壊しつくそうとしているのがトランプ政権です。この経過を見ると、アメリカの国際的な威信の低下はしばらくとどまりようがなく、そんなアメリカへの従属と依存をまるで見直す意志をもたない日本の政府も、ますます評価を下げていくことになるでしょう。

２０１７年には核兵器禁止条約が調印されました。トランプのアメリカはじめ、核兵器保有諸国があれだけ抵抗したにもかかわらず、これをくい止めることはできませんでした。少数の軍事大国による世界全体の支配という時代はすでに過去のものとなっており、その中で今になって「海外で戦争する国づくり」に向かう日本の政治は、世界史の流れへの本当に大きな逆流となっています。

完全雇用をめざす中国

内田　今、石川さんが、１９２９年の大恐慌を乗り切るためにルーズベルトのニューディール政策があったということを言われました。完全雇用を優先する政策を打ち出した。一方、現代の金融経済はほとんど雇用については考慮しない仕組みになっている。でも、その中に合って、完全雇用を最優先の政治課題に掲げて、それを実現しようとして必死になっている国があります。中国です。

中国は14億人近い人口を抱えています。歴代の王朝は易姓革命ということを繰り返してきました。王朝の末期になると、格差の拡大や社会的不公正が拡大して、飢饉をきっかけに農民たちが流民化し、農民指導者が出てきて革命や内戦が起きて王朝が倒れる…。そういうことを紀元前から何度も繰り返してきました。だから、統治者は「農民が流民化する」ということを非常に恐れる。そのためには完全雇用を実現しなければならない。ですから、中国の政策を見ていると一貫して「どうやって雇用を創出するか」ということを考えているように見えます。

誰も比べる人はいないんじゃないかと思いますけれど、ルーズベルトと習近平は実は似たことをしている。ルーズベルトはニューディール政策でテネシー川流域開発公社などの大規模な公共事業を行って、無理やりにでも雇用を創出しようとしました。習近平の「一帯一路」構想や21世紀海上シルクロード構想やAIIB（アジアインフラ投資銀行）は、考えてみると、「中国版のニューディール政策」と言えるのではないか。

中国にはご存知のように農民工という「準・流民」的な社会集団が3億人存在します。農村では食うのがやっとで、現金収入がほとんどない。だから、自分の子どもたちを上の学校に行かせるために、北京や上海や広州など都市部に出てきて出稼ぎをする農民たちです。この3億人が都会人の嫌う「3K」仕事を担ってくれたおかげで、中国の急激な近代化は可能になった。北京オリンピックや上海万博にしても、あの超近代的な建物を建てたのはすべて低賃金重労働に耐えた農民工たちです。

けれども、沿海部の都市開発が一段落して、土木工事が減ってしまった。農民工を受け入れる先がなくなってきた。一方では、鉄鋼を作り過ぎてしまい、その販路を必死で探していた。作り過ぎた鉄鋼の販売先を探すということと、農民工の働き先を探すという二つの要請に同時に答えるプロジェクトを創案するというのが、中国指導部にとって緊急な課題だったのです。AIIBを作ったのはそのためです。インドネシアやミャンマーにお金を貸し付けて、貸した金で新幹線を通す、高速道路を建設する、ダムを作るというような巨大な事業をさせる。入札では中国企業が受注し、材料には中国の鉄鋼を使い、現場には中国の余剰労働者を送り込む。そういうことをアジアやアフリカでやっているわけです。

「一帯一路」というのは、ユーラシア大陸を西に向かって高速道路を建設し、鉄道を通し、パイプラインを通すというこれまた大量の鉄鋼と、大量の労働者を要求する事業です。カザフスタン、ウズベキスタン、トルクメニスタン、アゼルバイジャンなどでこれからおそらく何十年もかかる巨大土木事業が続く。そのための資金はＡＩＩＢが各国に貸し付ける。仕事は中国企業が受注する。現地にはそんな巨大な土木工事を担えるほどの労働者がいませんから、中国から農民工がそこに送り込まれる。こうやって、鉄鋼業の労働者の雇用を守り、農民工の雇用を守る。政体の安定のためには完全雇用が必須だということを中国の指導部は熟知しているんだと思います。決して金が欲しくてやっているだけじゃない。革命が起きないように完全雇用を実現しようとしている。そんなふうに見えます。

僕は外国の政策の意味について考えるときは「相手の身になる」ようにしています。もし、僕が中国政府の官僚で、上司から「農民工たちの流民化を防ぐ」と「作り過ぎた粗鋼の販路を確保して、製鉄業を破綻させない」という二つの課題を与えられたら、たぶん「ニューディールの中国版をやったらどうですか」という答申を書きます。不要不急のものでいいから、高速道路や鉄道を砂漠やジャングルに通す。難工事であればあるほどいい。それだけ長期にわたって雇用が確保されるんですから。

インドシナ半島にいま「南北回廊」という高速道路網が造成されています。雲南省の昆明からタイのバンコクまで、インドシナ半島を南北に縦断する高速道路です。それに加えて今度はダナンから東西に、ミャンマー、タイ、ラオス、ベトナムを「東西回廊」という高速道路を通そうとしている。もちろん、工事を受注するのは中国企業で、送り込まれるのは農民工たちです。インドシナ半島の人たちは経済発展だと喜ぶわけですが、アイディアそのものは「一帯一路」と同根のものです。

結果的に一番成功している中国

でも、中国でそういうふうにして国家的プロジェクトが着々と進行していることを日本のメディアではほとんど報道しない。中国がどういう国家戦略を持っているのか、何が優先的な政策課題なのかということについての冷静で合理的な分析を眼にする機会がほとんどない。日本のメディアによれば、中国は膨張主義や冒険主義に駆り立てられた危険な覇権国家だという話になっている。海外への進出も覇権主義的なものだと思っている。もちろん、そういう要素もあるでしょうけれど、でも、もう少しクールに中国の「窮状」ということを考えた方がいい。鉄鋼業の失敗、流民化しつつある農民工3億人というリスク・ファクターが中国にはあります。でも、国内にはもう鉄鋼も労働者も需要がない。だったら、海外に需要を作り出すしかない。そういう切羽詰まった要請があって、AIIBや「一帯一路」がひねり出された。

結果的にいうと、多くのリスク・ファクターを抱え、かつそれほど効率的な経済運営をしているように見えないにもかかわらず、結局経済的に世界でいま一番成功しているのは中国ですよね。その最大の理由は中国政府が経済政策において完全雇用を最優先しているからだと僕は思うんです。習近平は独特の仕方でケインズの政策を実行している。国家主導で中産階級を作ろうとしている。階層の格差や二極化をなんとか抑制しようとしている。そんなことを政治主導でやっているのは、世界で中国だけじゃないですか。

党官僚の子どもたちが特権貴族化して、地方で財閥を作り、私腹を肥やして莫大な個人資産を抱え込んでいるのを習近平の時代になって次々に摘発して、死刑にしたりしていますが、あれはただの見せしめのためだけじゃないと思います。特権階級に国民資源が排他的に集中すると、「国が持たない」ということを中国の指導者たちは歴史的経験として知っている。だから、ある程度の厚みのある中産階級を作ろうとしている。中産階級が出現して、彼らがさらなる市民的権利を求めるということは中国共産党一党支配体制にとってリスクになるかも知れない。けれども、中産階級への階級上昇のチャンスがあると信じられる限り、国民たちは現在の政体の変換を望まない。その微妙なさじ加減を習近平政権は工夫しているのだと思います。

アメリカや日本は、製造業が空洞化しても、他に分厚いストックがありますから、体制は簡単には崩れません。でも、中国の場合は社会的なインフラが脆弱ですから、コントロールを誤ると、すぐに一部の特権階級と圧倒的多数の貧民に二極化してしまう。そして、それは「王朝末期」の風景そのものなんです。だから、二極化については たぶん他国以上の危機感を持っている。官僚の不正蓄財や汚職に対して厳罰方針で臨み、５年間で２００万人を処分したのも、放置しておくとすぐに権力者に富が偏在する中国社会の弱点をなんとかして補正しようとする努力だろうと思います。21世紀の今日に、公共事業への投資と完全雇用の実現というような「１００年前の政策」を目指しているのはそのせいです。そして、意外なことに、その「時代遅れのニューディール政策」が、中国においては現に成功を収めている。「選択と集中」という経済政策を採用した国々が続々と階層二極化と国民的分断のうちに低迷している中で、中国が「一人勝ち」のような状態になっているのは、この政策の差によるものではないかと僕は思います。

もしこの中国モデルが5年や10年続いて、ある程度順調に推移していった場合、世界の国々もこれを模倣して、「選択と集中」を捨てて、政治主導の雇用創出によって社会の二極化を防ぐという「時代遅れ」の経済政策を再考するようになるんじゃないでしょうか。冒頭に申し上げたように、市場に委ねている限り、超富裕層と貧困層への二極化は止められない。それが結果的に経済を停滞させ、体制を不安定にすることがわかっていながら、止められない。止めるには政治主導に切り替えるしかない。だから、僕は中国モデルを興味をもって観察しているんです。

再分配で成り立つ経済

冨田　ポルトガルに中道左派政権ができ、緊縮財政から再分配政策に切り替えたことで、EUの中で最も劣等生と言われていたこの国がみごとに財政再建を果たしたという話も最近伝わっています。ある意味、もうケインズは古いとか、再分配なんて今時何でそんな時代錯誤なことを叫んでいるのかとか言われたりするけれども、実は再分配をちゃんとやらなかったら経済が成り立っていかない。つまり、経済そのものが壊れちゃうんですね。国民的分断が進めば進むほど壊れてしまう。貧困と格差が拡大すればするほど壊れてしまう。そういうことにそろそろ気付くべきだろうと思うんですね。そこで日本のことに話題を振りたいのですが、石川先生、アベノミクスのことも含めて日本についてどのようにご覧になっていらっしゃいますか。

根底にある戦後日本政治の特異性

石川　世界の中での安倍政権の特異性というお話がありました。その特異性を考えていくと、さらにその根底には戦後日本政治そのものの特異性があるように思います。安倍政権が戦後最悪の政権だというのは確かですが、それは戦後日本政治にそもそもふくまれていた様々な欠陥や弱点のもっとも悪い部分が肥大化させられたものであるように思います。

いくつか特徴をあげますと、戦後日本の政治的支配層は、戦前の政治体制や侵略戦争に無反省な人たちによって形成されました。それは１９４７～48年に行われたアメリカによる占領政策の転換と深くかかわった問題でした。一旦はＡ級戦犯容疑者として巣鴨プリズンに収監された岸信介が、48年12月のクリスマスイブに釈放され、その後、55年に初代幹事長として自民党結党の中心に立ち、57年に首相となったというのは象徴的な出来事です。その岸の孫にあたる安倍首相の政権ですが、これは何度閣僚の顔ぶれをかえても、「神道政治連盟」に加入している議員が全体の8〜9割を占めるという特徴をもっています。神道政治連盟は、綱領の第1項に「神道の精神を以って、日本国国政の基礎を確立せんことを期す」と書いています。「憲法の精神」ではなく「神道の精神」なのです。そしてこの神道は、古代からの「八百万の神」とは無縁な、戦前の軍人勅諭にまとめられた天皇こそ現人神であるという天皇絶対主義にもとづいた日本の歴史にとって異質な神道です。ですから2012年に発表された自民党の改憲案は、天皇を主権者とする国家を再建する方向をはっきり示すものとなっています。安倍首相は戦前の日本を「美しい国」と呼びますが、「日本を取り戻す」という場合の「日本」もまた、天皇中心の「歴史と伝統」を体現した戦前型の日本を指しています。これが一つ目です。

二つ目は、対米従属の問題です。これは、1945年から52年にかけての米軍による軍事占領の事実上の継続です。戦後の軍事的な「全面占領」から、日米安保条約による合意の体裁をとった「半占領」への転換ともいわれます。先日も、三沢基地の米戦闘機が燃料タンクを青森県の湖に投棄する事件が起こりましたが、世界的には戦後60年代に植民地体制は崩壊していきました。日米関係はこれにまったく逆行する、しかも経済的には大国同士の支配・従属という世界的にも稀な関係となっています。安倍政権はアメリカを敵国として戦争をした戦前社会を賛美しながらも、無条件的な対米従属の姿勢を示し、沖縄の辺野古への巨大新基地建設には地元住民と全国の市民の反対を押し切って、アメリカの要請に応えようとする実に矛盾した政策をとっています。これはいわゆるネトウヨも同じです。アメリカの庇護の下での「強国」を目指すという、彼ら流にいえば「日本固有の歴史や伝統」よりも、現実主義を優先するということでしょう。

三つ目は、先ほどから経済界による支配にふれてきましたが、大企業経営者等で構成される日本経団連は自民党への献金の号令をかけ、実際にも多額の献金を行っています。最近の総務省の資料でも年間27～28億円となっています。税金から出る政党助成金ではありません。個々の大企業からのプレゼントです。もちろんそのお金を渡すのは、見返りを求めてのことです。日本経団連の会員は80ほどのグループにわかれて、日常的に政策立案活動を行っていますが、その実施を政府に求めるための賄賂ということです。それによって法人税減税だったり、様々な公共事業だったり、補助金だったり、民営化による新しい儲け口の獲得だったり、そういう見返りを得ようとするわけです。こうなると買収される側の政治家は、自分ではものを考える必要がなくなります。ですから、こう言っては申し訳ないですが、今の大臣には賢そうな人が一人も見当たらない。なんとも悲惨な現実です。同じ自民党の中でも、昔はもっとしっかりと議論のできる人がいましたが、いまは原稿の棒読みか、問題のすりかえくらいしかできない人ばかりです。

外交戦略なき軍事力信奉

四つ目に、最近の政治を見て深刻だと思うのは「軍事力信奉」の問題です。国家間の意見の対立は力でしか解決することができないと、心底信じているんじゃないかと思います。これは中国や北朝鮮などアジアの国々に対する、とりわけ安倍政権に顕著な姿勢だと思います。安倍政権の下で日本の軍事費は過去最高額を更新していますし、ゴルフでのトランプの「接待」などアメリカという世界最大の核大国にみっともないほどにへつらうのも一例です。

要するに、国際社会の中で意見の相違を話し合いで解決するとか、話し合いを通じて妥協点を見つけるとか、そういう発想自体をまったく持っていない。どうしてなんだろうと考えると、思い当たるのは自分たちに独自の外交戦略がなく、したがって対話、交渉の中で自分がどうふるまってよいのかわからないという問題です。戦後の自民党政治は、外交の基本をすべてアメリカまかせできましたから。ですから、アメリカが北朝鮮に対してどのカードを切っても、それで良しとすると言ってしまう。また、アメリカの政策がどこかで大きく転換しても、アメリカのやることなんだからと何も考えずに黙って付いていってしまう。そもそも交渉するに足るだけの自分の足場がないという問題です。実に情けない話ですが。もう一つ思い当たるのは、安倍政権が相手のことを、自分を基準に評価しているからではないかということです。自分たちが嘘つきなので、相手も嘘つきにしか見えてこない。だから合意や約束には意味がなく、「力で言うことを聞かせる」以外にないとなるわけです。これは先の理由以上に情けない話ですが。

軍事力でしか国際問題は解決しないというこの考え方は、メディアを通じて一般市民の中にもかなり広がっています。ギャラップ社の世論調査（2017年10月）で、北朝鮮とアメリカの緊張関係について「(外交を通じての）平和的解決」か「軍事的解決」かと問うた時、「平和的解決」を求める各国市民の回答はロシア96％、ドイツ92％、ブルガリア91％など欧州諸国は9割以上が当たり前で、それに続いて米国75％、香港71％、韓国66％となり、日本は最低の51％です。これはなかなかに深刻な事態です。

昨年秋に、アメリカのクリントン政権時代に国防長官だったウィリアム・ペリー氏が来日し、いろんな発言をして帰りましたが、アメリカと北朝鮮の関係について言えば、話し合い以外の道はどこにもないと言っていました。リアリストだなと思わされたのは、話し合いが成功する保証はないが、互いに軍事的緊張を高めるだけの現状は極めて危険であり、その危険な状態から抜け出す道は話し合いの開始以外にないという発言でした。また、いま戦争を行なえば、日本には第二次大戦に匹敵する犠牲者が出ると具体的に述べたのも重い発言でした。

五つ目に、これと深く関連する核兵器の問題です。日本では「核」と「原発」は切り離されて論じられますが、国際社会では「原子力エネルギー」あるいは「核エネルギー」の活用として、セットで論じられるのが通常です。そういう角度から日本の原子力政策を見ると、1968年に佐藤内閣がまとめた四本柱の政策があります。(1)非核三原則。ただしこれが「通過」ならかまわないとか、いざという時には「持ち込み」もＯＫといった密約つきであることはよく知られたことです。(2)核兵器の廃絶、核軍縮。ただしこの廃絶には「究極の目標として」という枕詞がつきます。今すぐ、ただちに廃絶に向かうわけではないということです。(3)

アメリカの核の傘に入り、アメリカの核兵器に守ってもらう。この軍事力依存、アメリカの核兵器への依存があるのでただちに核廃絶に向かうことができなくなります。日本を守る核兵器をアメリカはいつでも自由に使えなければならないということです。そして、（4）核エネルギーの平和利用を推進する。すなわち原発推進の政策をとるということです。

佐藤内閣の時にこれがまとめられたのは、同じ時期に中国が核兵器の開発に成功したからですが、この内閣はあわせて核兵器の製造や保有の問題についてもいくつかの研究を行いました。その結論は、政策的判断としていまは核兵器を保有しないが、核兵器を製造する「経済的・技術的ポテンシャル」は維持するというものです。この方針は今日も変わっていません。核兵器製造の材料となるのはプルトニウムで、これは原発の使用済み核燃料を再処理することによって抽出されます。また原発は核分裂反応を緩慢に行うことで長期にわたって大量の熱を得て発電しますが、原爆は核分裂反応を一挙に起こすことで核爆発を起こします。原発の運転は、この核分裂反応の制御技術を磨く機会にもなるわけです。ですから、２０１１年に福島で大事故があり、脱原発・原発ゼロを目指す運動が高まった時に、当時の自民党の政調会長だった石破茂氏は「核の潜在的抑止力を持ち続けるためにも、原発を止めるべきではない」と繰り返しました。実際、日本はおよそ47トンのプルトニウムを持っており、日本国内にはそのうちおよそ10トンがあります。

日本政府が核兵器禁止条約に加わらないのは、アメリカの核戦略を無条件に肯定するという従属の姿勢からであり、またアメリカの核の傘に入っているのでアメリカはいつでも核を自由に使えなければならないということがあるわけですが、加えて自分自身で核兵器製造し、保有する可能性を捨てたくないということも重要な理由の一つだろうと思います。ここにも「軍事力信奉」の姿勢が強く現れています。

自民党政治からの転換への希望

もう最後にしますが、六つ目に経済政策の問題です。ソ連・東欧崩壊をきっかけとしたアメリカの経済グローバリゼーション戦略を、日本の政財界は「構造改革」という名前で受け入れました。アメリカの「外圧」を利用しながら、日本の財界も大企業の利殖の自由を拡大するためにこれに乗っていったのです。そして自民党政府の中に一時的な揺り戻しや軋轢の時期がありながらも、「古い自民党をぶっ壊す」とこの動きに反対する自民党内部の「抵抗勢力」に正面から啖呵を切った２００１年からの小泉首相の時代に、「構造改革」路線が日本の経済政策の中心にすえられました。この政策を正当化する錦の御旗としてかかげられたのが「大企業が潤えば、いまに国民も潤う」というトリクルダウンの「理論」でした。

しかし、いつまで待っても国民に潤いはやってきません。橋本六大改革がかかげられた1997年をピークに労働者の実質賃金と国民の世帯所得は低下の一途をたどり、小泉内閣時代にこれが加速します。その結果、安倍内閣が発足した06年にNHKが「ワーキングプア」を放映し、07年にはこれが流行語大賞にノミネートされます。08年には若者を中心にした非正規雇用の過酷な労働条件を投影させながら、小林多喜二の『蟹工船』が80万部も買われました。そして、その年の9月がリーマン・ショックで、直後に当時経団連会長企業だったキャノンが先頭に立って非正規切りを行い、年末には日比谷公園に派遣村が作られました。

そういう急速な社会不安の深まりが、09年の自民党政権から民主党政権へという政治の変化の大きな背景になりました。民主党がかかげた「コンクリートから人へ」という「人」を大切にすることをよびかけたスローガンは、大きな反響を呼びました。ただし、残念ながら当時の市民運動や市民意識には、自民党政権を倒すことについての合意はあっても、その後にどういう政治をつくるかについての合意はありませんでした。いわば民主党まかせだったのです。しかし、その民主党の内部がまるでまとまらず、様々な攻撃も受けてガタガタになる。さらに不幸なことに、そこに東日本大震災と原発事故が重なります。その結果、12年に自民党政権が復活しました。第二次安倍政権です。ただし、この12年の選挙を含めて、自民党は09年に政権を失った瞬間の得票数を、その後一度も回復したことがありません。自民党への信頼が回復したわけではないということです。それにも関わらず、いま自民党が大きな顔をしていられるのは、小選挙区制のトリックとメディアを牛耳って情報を操作しているからです。

そして自民党と公明党による政治の暴走の中で、15年には「市民連合」が結成され、16年、17年と「市民と野党の共闘」が政治の転換をめざして選挙に挑み、二度続けて議席を前進させせました。ここに安倍政治を許さないだけでなく、さらに戦後長く続いた自民党政治そのものを転換するための新しい希望があると思います。今日は会場にベテランのみなさんが多いですが、ぜひSNSを使って若い方たちとのつながりを深めていただきたいと思います。

冨田　はい、ありがとうございました。では、内田先生、いかがですか。

対米従属を通じての対米自立

内田　今、石川さんが政治が急速に劣化してきて、前近代的で破壊的で、軍事力信奉をするというタイプの政権ができてしまったと話されました。その通りだと思います。本当に政治が劣化している。なぜ劣化したのか。小選挙区制のマジックも理由の一つでしょうし、官邸がメディアを抑えているということも理由の一つです。でも、それらは言わば戦術です。なぜそのような戦術が採択されたのか、「何を実現するために？」という問いが立てられなければならないと僕は思います。

ちょっと僕の暴論的仮説を申し上げます。敗戦後の日本の基本的国家戦略は、「対米従属を通じて対米自立を果たす」ということでした。これは敗戦国としてはそれ以外の選択肢がない必至の国家戦略でしたから、後知恵で良い悪いを言ってもしかたがない。とにかく徹底的な対米従属を貫くことによって同盟国として米国に信任され、結果的に国家主権を回復し、国土を回復するというのが敗戦時の日本人の総意だったわけです。

実際にこの「対米従属を通じての対米自立」というトリッキーな国家戦略は成功しました。1951年にサンフランシスコ条約で国家主権を回復し、68年に小笠原諸島が返ってきて、72年には沖縄の施政権が返還されました。だから、45年から72

年までについて言えば「対米従属を通じての対米自立」というシナリオはそれなりの成果を上げたと言える。日本はそうして朝鮮戦争を支持し、世界的な反戦機運の中で、「大義なき」ベトナム戦争でもアメリカを支持し、アメリカの世界戦略に従うことで大きな「果実」を得たのです。

「アメリカの手にある国家主権」を買い戻す

この成功体験もあって、対米従属路線に変更の出るはずがなかったのですが、60年代から高度経済成長を支えていた人たちは実はもっと屈折していた。60年、70年の安保闘争は本質的には反米愛国闘争ですが、これと無縁なところにいたはずの一般のサラリーマンたちも実は別のかたちで愛国的な情念に駆られて対米経済戦争を闘っていた。あの時代の戦中派のサラリーマンたちを衝き動かしていたのは「次の戦争は勝つ」というものでした。今度はアメリカに勝つ。経済で勝つという。

江藤淳は63年にプリンストン大学に留学している時に、ニューヨークで酌み交わした中学時代の同級生からこう言われたと書いています。「なぜ俺たちがこんなに東奔西走していると思っているんだ。まさか金儲けのためにやっていると思っているんじゃないだろうか。お前は戦争は終わったと思ってるんだろう。それは学者や文士の寝言だ。俺たちはまだ戦争をしてるんだ。今度こそは負けない」と言われたと書いていいます。当時はこういうマインドを持っていたビジネスマンは決して少数派ではなかったはずです。60年代以降の日本の高度経済成長を駆動してきた動機のうちには明らかに反米的なセンチメントが含まれていた。

結果的に70年代に入って、日本の経済発展は止まるところを知らず、80年代にはもうアメリカの背中が見えてくるところまで来た。「ジャパン・アズ・ナンバーワン」と持ち上げられ、「日本式経営」が世界標準になり、そしてバブル時代を迎えます。もう遠い昔のことでみんな忘れてしまっていて、何であんなに浮かれていたのか馬鹿みたいだったと冷笑的に回顧する人が多いですが、僕はあの時の日本人があれほど興奮したのは、もしかするとこのままの勢いで経済力が増大すると、いずれアメリカから国家主権をお金で買い戻せるんじゃないかという途方もない夢を見たからじゃないかという気がするんです。

実際に、89年は昭和が終わり、平成が始まった年であり、ベルリンの壁が崩壊したエポックメイキングな年でしたが、バブルの絶頂であったその年に、三菱地所がマンハッタンのワールドトレードセンターを購入し、ソニーがコロンビア映画を購入しました。日本の企業が摩天楼とハリウッド映画を買ったんです。あの頃よく言われた言葉に「日本の地価を合計するとアメリカが二つ買える」というのがありました。地価の高騰に困惑する文脈で口にされたはずの言葉ですが、それを人々がどれほど自慢げに口にしていたのか、僕はまだ覚えています。それは単に金があってすごいだろうという成金自慢に止まらず、ここまで来たらアメリカも日本に対していつまでも宗主国面ができなくなるんじゃないか、うまくしたら札ビラでアメリカの頬をはたいて国家主権を金で買い戻せるんじゃないかという妄想を日本人が抱いたからではないかと思います。80年代半ばから90年代はじめにかけてのバブル期の日本人があれほど高揚していたのは、単にお金の万能性を国民全体が狂ったように信じただけではなく、その「万能の金」で自分たちが最も欲しいもの、すなわち「アメリカの手にある国家主権」を買い戻すことができるんじゃないかと思ったからではないか。僕にはなんとなくそう思えるのです。

外交的には対米従属に徹しながら、金儲けに勤しむことで、国家主権をアメリカから取り戻す。日本人にとって、これは実にクレバーな国家戦略に思えたはずです。アメリカで当時、日本車を壊すような烈しいバッシングがありましたけれど、アメリカの市民はやはり直感的に分かっていたんだと思います。「日本人は良からぬことを企んでいる」ということが。だから、さまざまなかたちでアメリカが日本経済に干渉したこともあってバブル崩壊に至った。

呆然自失状態のうちにある

バブル崩壊後の日本人の脱力感を僕は覚えています。多くの日本人はその数年間に生涯で最も贅沢な日々を送ったはずですから、脱力感も深かった。「失われた20年」と言われますけれど、これは別にお金がなくなって気落ちしたというだけではないと思います。お金がなくなったので、もう「国家主権をお金で買い戻す」という夢のような解決策の可能性がなくなった。その無力感が国民全体に無言のうちに共有されていた。

小泉純一郎の登場もその文脈で考えるべきだと思います。僕は彼の最大の政治的賭けは郵政民営化ではなく、2005年に国連の常任理事国に立候補したことだと思います。経済大国だった時代に世界各国から日本がもてはやされた記憶がまだ生々しく、日本は国際社会で高く評価されていると勘違いした。政治大国としての声望を支えに、安保理の常任理事国となって、アメリカと「タメ」になるという夢を見たんじゃないか。経済大国として宗主国と五分になる夢がついえたので、今度は政治大国として五分となる夢を見た。

国家主権を金で買い戻すという夢が潰え、安保理の常任理事国に手を挙げたものの、アジア諸国の支持をほとんど得られず、日本が国際社会ではただの「アメリカの属国」としか見られていないという痛切な事実を思い知らされた。その時点で、アメリカとイーブンパートナーとなって国家主権を穏やかに取り戻す手立てがすべてなくなってしまった。そして、2011年の福島原発事故で政府の危機管理能力の欠如が全世界に知られて、以後、今に至るまで、日本は「国際社会からまともに相手にされるためにはどうしたらいいのかがわからない」という呆然自失状態のうちにあります。

未来なき政治家の典型が安倍晋三

引き続き対米従属を続けてはいますが、沖縄返還以降、日本は何一つアメリカから獲得していません。沖縄の米軍基地は縮小されず、横田空域も返還されず、日米地位協定も改定されるず、日米合同委員会を通じてのアメリカの日本の政官支配は続いている。このまま半永久的に米軍が日本国内に「領土」を持ち、駐留し続けることはほぼ確実です。だから、もう「対米従属を通じての対米自立」ということは自民党の政治家でさえ信じていない。もう未来について語るべきヴィジョンがなくなってしまったのです。

ですから今の日本の政治が劣化した最大の原因は「語るべきビジョンがないこと」だと僕は思います。安倍政権やその周辺が語る「戦前回帰」や軍事力信仰や「日本スゴイ」キャンペーンは、未来に何も見るべき希望がなくなった人たちが過去の栄光を妄想的に作り出して、それを崇拝するという苦し紛れのソリューションです。未来に何も期待できないので、妄想的に「美しい過去」を脳内で構成して、そこに回帰しようとしている。20年後、30年後の日本はどういう国になるべきなのか、どういう国になられるのか、それを語る冷静で具体的な言葉を政治家も、官僚も、学者も、誰も持っていない。

日本人が国民を統合できる唯一の国家目標があるとすれば、それは「国家主権の回復」です。それしかない。アメリカの属国であることを止めて、国家主権を回復し、国防も外交もエネルギーも食糧も教育も医療も、自分たちの国家戦略は誰にも諮らず、自分たちで決める。そのことはどんな対米従属主義者も内心では願っているはずです。でも、その主権回復のためのロードマップが存在しない。

今も日本は世界第3位の経済大国で、豊かな自然資源に恵まれ、安定的な社会的インフラを備え、教育でも医療でも文化資本の厚みでも、決して世界のどの国にも引けを取りません。でも、この20年間、そのすべてがすさまじい勢いで劣化している。僕がよく知っているのは教育の劣化です。これはもう凄まじいことになっています。大学の学術的発信力では、世界中の国が伸びている中で、日本だけが低迷し続けている。異常事態です。それは制度設計の問題ではありません。制度の中にいる人たちがどうしていいか分からなくなっているのです。未来が見えないから。

未来の見えない日本の中の未来なき政治家の典型が安倍晋三です。安倍晋三のありようは今の日本人の絶望と同期しています。未来に希望があったら、一歩ずつでも煉瓦を積み上げるように国のかたちを整えてゆこうとします。そういう前向きの気分の国民があんな男を総理大臣に戴くはずがない。自信のなさが反転した彼の攻撃性と異常な自己愛は「滅びかけている国」の国民たちの琴線に触れるのです。彼をトップに押し上げているのは、日本の有権者の絶望だと思います。

3. 対米従属と安倍改憲

冨田　ありがとうございました。ずいぶん厳しい現実を直視してそれを共有することができたと思います。さて休憩中に会場から約20通のご質問をいただきました。申し訳ありませんが、時間の関係でお答えさせていただくのは、二つだけに絞らせていただきます。まず一つは、対米従属の象徴ともいうべき沖縄の問題についてどのようにお考えかということ。もう一つは、安倍総理が改憲への野望をいよいよたくましくしているわけですが、その安倍改憲についてどのようにお考えなのか、この二つのご質問にお答えいただきましょう。ではまず石川先生からお願いします。

強烈な戦前型「神の国」の思想

石川　安倍改憲についてはいろんな角度からのいろんな見方ができると思います。最大の推進力は9条改憲に向けたアメリカからの要請でしょうが、国内からの力としては安倍内閣に顕著な復古主義、戦前礼賛の思想を重視すべきだと思います。自民党の改憲案が発表されてすでに6年になりますが、その前文に何のためにこの憲法を制定するのかということを説明した文章があります。「日本国は、長い歴史と固有の文化をもち、国民統合の象徴である天皇を戴く国家」であり、「日本国民は、良き伝統と我々の国家を末永く子孫に継承するため、ここにこの憲法を制定する」です。ここでは「象徴である天皇」となっていますが、改憲案の第1条は「天皇は日本国の元首」となっています。大日本帝国憲法と同じです。さらに天皇と摂政については「憲法尊重擁護義務」もないものにするとしています。憲法にしばられない元首の誕生となると、近代民主主義以前への歴史の逆行としか思えませんが、そうした戦前礼賛の思想が、先ほど紹介した神道政治連盟など改憲右翼の影響力などにも見られるように、改憲に向けた国内の推進力の中心にあると思います。

この改憲案は12年の発表ですが、自民党は10年に新綱領を作成し、そこで「日本らしい日本の保守主義を政治理念として再出発」としていました。それは09年に民主党に政権を奪われた直後のことですが、この時期に、こうした思想が完全に自民党の本道に座ったのだと思います。

彼らの歴史観や戦後の政治に対する理解をわかりやすく紹介するのは、靖国神社の遊就館の展示です。全体としてその展示は、明治以降のすべての戦争は正義の戦争だったとするものですが、併せてある部屋には日本の建国から今日までの歴史が展示されています。学生たちとここを訪れる時には、部屋に入る前に「日本の歴史の最初は何で始まっていると思う?」とクイズを出します。そうすると学生たちは「縄文時代じゃないですか」とか「ナウマンゾウと闘っている」とか、いろいろな答えを出してきます。そして、部屋に入ると正解のスタートラインには神武天皇が立っています。紀元前660年のことだとされていますから、それ以前の歴史は「日本の歴史」には入りません。「日本の歴史」というのは、天照大御神がその子孫である神々を現人神として、つまり人の姿をとった神として列島に住む人々を統治するために地上に派遣した、いわゆる天孫降臨ですね、そこから始まり、昭和の前半にいたるものだとされているのです。これが「日本は神の国」「神国日本」の内容です。武士が支配した時代にも、それをあたたかく背後から見守り、支えたのは天皇だったといった解釈です。

ところがその歴史が日本国憲法によって途切れさせられる。主権者が「国民」になってしまったからです。戦前までは天皇が統治者であり、人々はその家来（臣民）だった。それがこの「神の国」の正しい姿だったのに、それが覆されてしまい、「神の国」は汚されてしまった。こういう角度から改憲右翼は日本国憲法を憎みます。安倍首相が戦前を「美しい国」というのは、それがこうした本来の日本の文化と伝統を体現した国という意味ですし、「日本を取り戻せ」といったのはアメリカからの独立を言ったものではまったくなく、本来の「神の国」としての「日本を取り戻せ」ということです。

これはアメリカの対東アジア政策にとっては邪魔ものでしかありませんし、戦前礼賛がアメリカ敵視につながる可能性もアメリカ側は冷静に見ています。また中国との経済関係が深まる中で、財界人にも右翼思想の持ち主は少なからずいるのですが、それでもアジアでこそ金を儲けたいという「資本の論理」は、この「神の国」思想とは相容れないものになってきています。そういう客観的な矛盾があるので、安倍政権はアメリカには徹底的に媚を売り、財界に対してもその要望をアベノミクスの名で全面的に受け入れて、それとの引き換えに復古主義の改憲を容認してもらうという、そういう道を意識的に目ざしているように思います。

具体的な改憲の策動は、いきなり全面改憲ではなく、第9条に焦点をあてたものとなっており、その核心は、海外でのアメリカの戦争にいつでも協力していく集団的自衛権の行使を合憲化しようというものです。そこでは安倍政権自身の軍事力信奉、軍事大国化願望も大きな役割を果たしています。

沖縄への差別意識を自問して

もう一つ、沖縄のことですね。沖縄戦、日本列島全体の米軍による軍事占領、サンフランシスコ講和条約でアメリカの施政権下におかれ、その時期に１３００発の核兵器がおかれたこと、72年の「沖縄返還」で住民が望んだ「基地なし返還」を日本政府がまったく聞き入れなかったことなど、そうした歴史はみなさんご存じのことと思います。

少し違う角度からのお話なんですが、この間1年生の学生たちと本土の人の沖縄の人に対する「差別意識」について議論してみました。大阪府警の若い警官には「土人」という言葉を使った人もいましたが、そういう自覚的な差別の意識ではなく、いつのまにか沖縄の出来事を「遠くのこと」「他人事」としてとらえてしまう、そういう無自覚な意識についてです。授業の最初に見たＮＨＫの映像では、もう亡くなられましたが沖縄県の元知事だった大田昌秀さんが本土のある中学校を訪ねます。中学生が沖縄の基地問題を話し合うなかで、ある生徒が「日本はアメリカに守ってもらっているんだから、基地はどこでもがまんしなければならない」という。これに対して他の生徒が「じゃあ、この周りにあってもいいのか」と声をかけると、この生徒がいわば条件反射的に「いや、このへんは困る」と答えます。そうしたやりとりを見ていた大田さんが「そうやって、自分のところにあっては困るものを、沖縄の人に受け入れさせるのが差別じゃないかな」「自分の大切さと、沖縄の人の大切さに差をつけることになる」といった話をするわけです。

そこから授業では、大阪や神戸にあっては困る基地を、しかも地元の人たちが「もういらない」といっている基地を、政府が先頭に立って押しつけるというのはどうしてなんだろうという問いを立て、かつての琉球王国と本土の関係、明治時代の琉球処分、沖縄戦、アメリカへの切り渡しと「返還」といった歴史の節々を学んでみたのです。先日の名護市長選挙は残念な結果になりましたが、名護の問題、沖縄の問題ではなく、日本の国の形の問題だという意識を本土のわれわれの中にどうやって広くつくっていくか。そこが辺野古への新基地建設問題を考える上でも、特に大事なことではないかと思っています。

冨田　では内田先生、お願いします。

改憲阻止の鍵は天皇とアメリカ

内田　神国日本を再構築していこうという戦前回帰思考の強い自民党の改憲草案

ですが、この自民党の改憲にたぶん最も強く反対されているお一人が天皇陛下だと思います。改憲運動をどういうかたちで食い止めたらよいのかという時、鍵になるのは、最終的には天皇とアメリカだろうと僕は思います。「憲法を守ろう」といって開いている集会でこんなことを言うのも悲しい話ですけれど、最終的に改憲が日程に上った時に決定的な仕方でそれを阻止できるのは皇居とホワイトハウスだろうと思います。

2016年8月の「お言葉」を通じて、天皇陛下は戦後民主主義というシステムと天皇制という氷炭相容れない仕組みをどうやって共生させるのかという問いに対して非常に真剣かつ誠実な答えを提示されました。僕はそう思います。天皇制はいかにあるべきかについて、天皇陛下の方から国民に問いを投げかけた。日本国憲法と民主主義体制を揺るがぬ前提とした上で、その政治的な仕組みと天皇制がどうやって共生できるかについて新しい天皇制解釈を語られた。今の日本の公人の中で、憲法99条にある「公務員の憲法尊重擁護義務」を誠実に果たしているのは天皇陛下だけですよ。

「お言葉」で天皇陛下が述べられたのは、天皇の国事行為のうちで最も重要なつとめは、法律の公布や国会の召集や大臣の任免や外国大使の接受などではなく、リストの最後に掲げてある「儀式を行うこと」だということです。それは具体的には先の戦争で戦死した人たちを慰霊し、天変地異の被災者たちの傍らに寄り添うことです。鎮魂と慰藉が天皇の本務であるということを明らかにして、それに「象徴的行為」という独特の言葉を与えた。「象徴的行為」という表現は論理矛盾なんですよ。象徴は象徴であるだけで機能するわけですから、別に具体的な行為による裏付けを必要としない。でも、天皇陛下は「日本国の象徴であり、日本国民統合の象徴である」という憲法上の責務は、このような具体的な行為なしには成立し得ないと考えられた。象徴天皇制という政治概念の「象徴」とは何のことかについて、憲法制定後はじめて天皇陛下ご自身が新しい解釈を提示された。そして、「この解釈でいかがですか」という問いを国民に向けて投げかけた。これは昭和天皇の人間宣言に匹敵するぐらい重要な天皇制についての「新解釈」だったと僕は思います。

そして、この「象徴的行為」論は現在の憲法が継続すること、天皇についての憲法上の地位が決して変わらないことを自明の前提にして語られました。現行憲法と古代から続いた天皇制という論理的には相容れないものを共生させるために、戦後70年にわたって考え抜いてきた当の天皇陛下ご自身がこの憲法が永続することを自明の前提とした天皇制解釈を国民に向けて問いかけた。これは迂回的に「憲法の天皇制規定には手を付けるべきではない」という天皇陛下の強い意志を表していたと思います。

天皇の憲法擁護義務と安倍政権の矛盾

天皇が護憲派であることは安倍晋三もよくわかっていると思います。天皇の退位宣言以降の天皇に対する嫌がらせの激しさからもそれは知れます。有識者会議に集めた人たちの中には、平然と天皇を罵倒するような発言をする人がいました。「天皇は黙って祈ってればいいんだ」と言う人さえいた。官邸が集めた有識者たちの発言からは天皇崇敬の念を僕はほとんど感じることができなかった。この人たちの脳内にある天皇というのは、単なる政治概念に過ぎず、現実の天皇陛下が何を考え、何を願っているかというようなことには特段の興味がない。

日本の右翼は伝統的にそうなんです。二・二六事件の時の青年将校も宮城事件の時の「國體護持派」もそうでした。現実の天皇陛下と自分たちが考えている天皇という政治的機能は別ものであって、現実の天皇が何を考えてるのかはどうでもいい。邪魔だったら天皇といえども幽閉し、政治的に無力化することを厭わない。そういう道具的な天皇観は幕末から敗戦に至るまでずっと日本政治には伏流していて、昨日今日に始まったことではありません。ですから、自民党の改憲草案は「天皇を中心とする神の国をつくる」というような政治的イデオロギーに駆動されたものですけれど、そこで国家元首として奉られている当の天皇陛下自身が何を考えているのかは配慮する気が全くない。だから、天皇陛下ご自身が「お言葉」で憲法遵守を表示をされていることに腹を立てて、きわめて無礼なしかたで天皇陛下を遇している。

この対立は根深いものですから、改憲が政治日程に上ってきて、切迫した政治課題になったら、どこかの時点で露出してくると思います。天皇陛下は「国事に関する行為のみを行い、国政に関する権能を有しない」と憲法4条に定めてありますから、ご自身の口からは「改憲に反対」とは言えません。でも、どこかの時点で、必ず「日本国憲法を守ることは私の責務です」という言葉を口にされると思います。国民の圧倒的多数が改憲に賛成というのならもうどうしようもありませんけれど、国論が二分して賛否が拮抗している場合、国民投票の前に天皇陛下がこれまでと同じように憲法擁護のお立場をもう一度繰り返した場合、それははっきりとした政治的意図があるものと解されるでしょう。それは国民投票に少なからぬ影響を及ぼすことになる。

もちろん、安倍政権は全力をあげて天皇陛下が憲法に言及することを阻止しようとするでしょうけれど、天皇陛下の地位が現行憲法に規定してあり、99条で天皇陛下にも憲法擁護義務を課している以上、陛下が「憲法を遵守し、尊重することは私の務めです」と言明することを「やめろ」と言うことはできません。

アジア諸国は改憲を歓迎しない

そしてもう一つの改憲阻止ファクターはアメリカです。『ニューヨーク・タイムズ』を始めとするアメリカのメディアは、2012年の安倍晋三の第二次政権発足以来、改憲に対して一貫して懐疑的な立場を保持しています。アメリカのリベラル派からすれば、改憲なんかしても、アメリカにとっては何の国益ももたらさないからです。

日本が改憲して、9条を空洞化し、「戦争ができる国」になった場合、東アジアの軍事的緊張が高まることは目に見えています。中国・韓国は日本のナショナリズムに対してただでさえナーバスですから、日本が9条を空洞化して、「戦争ができる国」になったら、当然のことながら自分たちが日本の「仮想敵国」に擬せられたと思うでしょう。中国・韓国だけではありません。台湾もフィリピンもインドネシアもベトナムもシンガポールも、過去に日本軍の侵略を受けた諸国はそれなりに緊張することを強いられる。日本はこれまで軍事的脅威としては「ゼロ」査定できたけれど、その国が国論の二分を押し切ってまで平和憲法を捨てるということは再び日本軍が地域における軍事的覇権国家に復帰することを夢見ているのではないかと解釈される。これは「するな」と言っても、します。日本が「戦争のできる国」になるということは、アジア諸国にとっては外交上の変数が一つ増えるということです。これまではゼロ査定で済んだ「日本からの軍事的干渉」というリスクを勘定に入れて国家戦略を立てなければならなくなる。そんな事態を歓迎する国は東アジアに一つもありません。すべての国が、明示的にあるいは迂回的に、平和憲法の改定は歓迎できないという意思表示をするでしょう。

もちろん、アメリカ国内に9条廃絶を望む勢力がいるのは事実です。米軍は「二軍」として自衛隊を使いたい。自衛隊が海外派兵任務を負担してくれることでアメリカの青年たちの血を流さないで済むなら、ぜひ「肩代わり」して欲しいと思っている。思って当然です。でも、「自衛隊の二軍化」そのものは、やろうと思ったらもうできるわけです。改めて憲法をいじらなくても、できる。安全保障関係法が成立したし、集団的自衛権の行使も閣議決定したから、現憲法の枠内でも自衛隊の海外派兵は運用上は可能になっている。もう「二軍」として使える条件が整っているのだから、そこであえて火中の栗を拾って、日本の国論を分断させてまでして、反米感情を煽ることはない。

それに、日本のナショナリズムに対しては、リベラル派だけでなく、共和党右派や軍の一部も警戒心を持っています。「瓶の蓋」論というのがありますけれど、日本に軍事的なフリーハンドを与えることを少なくとも米軍は望んでいない。自民党の政治家の中には、自主核武装を公然と主張する者が何人もいます。かれらは強硬な改憲派です。改憲はこの勢力を利する可能性がある。日本は今は従順な「属国」ですけれど、50年後、100年後にはどう変わるか分からない。その場合に、日本が核武装をしていたら、アメリカにとってリスク・ファクターになる。だから、日本の軍事力は完全に米軍の統制下に置かれるべきで、絶対に自主管理させてはならないという考え方は根強い。

改憲を100％歓迎しているのは米国内では兵器産業だけでしょう。兵器産業としては日本の軍事費が増えれば、それだけ大量の高額兵器をアメリカ企業から買ってくれるわけですから、大変にありがたい。自分の私腹が肥えるから「改憲賛成」というアメリカ人もいるはずです。でも、これは「私益」優先の判断です。「国益」優先に考えた場合には、「日本が改憲して、非民主化し、軍事国化する」というオプションが「アメリカにより大きな利益をもたらす」と考えるアメリカ市民は少数でしょう。国内の護憲運動などは歯牙にもかけない安倍政権も、アメリカが改憲に反対だということになると、だいぶ状況が変わってくるはずです。

人事を尽くして天命を待つ

トランプ大統領も本当にあてにならない人です。何を考えているのかわからない。予測ができない。国内での支持者がよろこぶと思ったら、それまでの約束など一瞬で反故にする。首尾一貫性がなく、予測ができない。ある日「日本の改憲に私はもちろん反対である」とツイッターに書き込むことだってないとは言えない。トランプが「安倍晋三は改憲より他にすることがあるだろう」と書いたら、その時点で改憲運動は事実上終わりです。3000万人署名集めてもできないことが、トランプがツイッターに10秒で書いたらできたということがありうる。それが「属国の悲しさ」です。

改憲が最終的には市民運動の盛り上がりによって阻止されるかどうか僕にはわかりません。もちろん僕だって頑張ってはいますけれど、人事を尽くして天命を待つしかない。そして、「天命」というのが日本の場合、天皇とアメリカだというのが非常に切ないところだと思います。

隠蔽し続けることはできない「日本の現実」

次に沖縄のことです。先ほど石川さんが言われましたけれど、沖縄には日本の現実が集約されています。「日本がアメリカの属国である」という現実が沖縄では可視化されている。本土の日本人が沖縄を遠ざけて見ないようにしているのは「沖縄の現実」から眼を逸らしているわけではなくて、「日本の現実」から眼を逸らすためです。そのために、本土にあった米軍基地を次々と沖縄に移転させて、在日米軍基地の74％が沖縄に局在しているという異常な状態を作っている。

去年、SEALDs RYUKYUという団体から呼ばれて沖縄に講演に行ったのですけれど、沖縄の大学に本土から来ている学生たちが少なくありませんでした。彼らは沖縄の現実を見に本土から来ているわけです。「日本の現実」を知るために沖縄に来た。そして、何人かは卒業後も沖縄に留まって、沖縄で就職をするということでした。そういう道を選んでいる若者たちがいることを知って、僕はなんとなく希望を感じました。

「琉球新報」と「沖縄タイムズ」の2紙からは取材を受けたこともありますし、

講演に呼んで頂いたこともあります。その時に、記者たちと話をしていて、日本の現実をリアルに報道しているのはこの2紙だけかも知れないと思いました。百田尚樹が「沖縄の2紙を潰さないといけない」と言ったのは、それだけ彼らにとって隠したい現実をこの2紙が書いているからでしょう。ある新聞を潰したいと言うのは、そこに彼らにとって「不都合な真実」が書かれているからです。

でも、最終的には、つねに現実が虚構を圧倒します。現実は現実である以上、その全貌が明らかになるほどつじつまが合ってくるけれど、虚構はあらわになれば必ず破綻する。そして、時間が経過すれば否応なく、ものごとの全体像は開示されてゆくものです。現実に存在しているものを隠し通すことはできません。ですから、沖縄の現実から目を逸し続けて、日本の現実を隠蔽し続けるという企ては絶対に成功しません。原理的に成功しない。それがどういう形で現れるかは予測ができませんが、いくら本土の人間たちが自分たちに都合の良い夢を見ていても、沖縄の人たちは正気でいる他ないし、正気の人間と幻想を見ている人間が対面した時には、現実を見ている人間の言葉の方がどれほど口数が少なくとも、どれほど低い声でも、結局は重いのだと思います。

4．希望の灯をどうともすのか

分断の世界から対話とリスペクトと相互の尊重・寛容へ

冨田　はい、ありがとうございました。それでは最後のテーマ、希望をどう語るかということになります。前半の最後のところで内田先生は、日本人はまさに将来に対するビジョンを見失っているんじゃないかと。そして、こうした国民の絶望こそが安倍政権という劣化の極みと言っていいような政権をずっと許しているんだろうというお話をなさいました。確かにそのとおりだと思います。

自民党には今は１８００万票ぐらいしか票が入らない。だけど他方で２０００万人ぐらい選挙に行かなくなった人がいます。その人たちはたぶん政治には関心も、不満も、不安ももっている。だから、かつて民主党に投票したことがある。その時は民主党に３０００万票が集まった。だけど民主党政権の裏切りというか、それに絶望して棄権してしまっている人たちです。この人たちがおよそ２０００万人いて、それは自民党に入っている票より多い。この人たちは今、まさに絶望している。その絶望している人たちにどう希望を語ることができるのか。あるいはどう希望の灯をともすことができるのかということが、おそらく今、改憲阻止ということに関してもそうだし、選挙を通じて政権交代を実現するということもそうだし、それからもっと言えばこの政治の劣化の中で、あるいは国民的分断の中で民主主義そのものが壊されようとしているけど、その壊れかけている民主主義をもう一度取り戻すということでもそうだし、決定的な鍵を握っている。そこに対話不能の国民的分断の世界から、対話とリスペクトと相互の尊重、寛容といったものを取り戻す鍵もあるし、それを実現することで民主主義を再び取り戻すことができるんじゃないかと思っています。

その絶望といったもの、つまり国民的なビジョンも何も示せない現実があるからこそ、むしろ韓国や北朝鮮の人たちや中国の人たちに対する敵愾心を煽ることで、不寛容なナショナリズムを煽ってなんとか国民を統合するしかないということに繋がっているんだろうと思います。こういう状況から日本の民主主義を取り戻すためには、この絶望をどう乗り越えていくのか、どういう希望の灯をともしていくのかということにかかっているんじゃないかという気がしています。

では最後に、「どのように希望を語るのか」という難しい問いをお二人に無責任に投げかけて、この鼎談は終わるわけですが、まず石川先生、いかにして希望の灯をともせるでしょうか。

歴史上初めて「個人の尊厳」を掲げた一大市民運動が

石川　これは難問ですね。それがスラスラ話せるなら、日本はもう少し早く、前向きな変化をとげていると思うのですが。なかなか厳しい司会者です（笑）。希望の灯というのは、結局、すでに頑張って運動している人たちが、自分の心にどういう火を灯しているのか、その火が灯るきっかけは何だったかを探るということになるでしょうか。各自それぞれの語り方があるような気がします。

少し断片的に、筋道を探りながら話をしたいと思いますが、一つはいまの改憲をめぐるスケジュールにかかわってです。安倍政権がなぜ今年中に改憲発議をしたいと急いでいるのか。その理由の一つは、来年に参議院選挙があることですね。もし、その選挙でも「市民と野党の共闘」が候補者調整できるなら、16年の参院選で32の1人区のうち11区で「共闘」候補が勝利していますから、安倍政権は参院で3分の2の議席が維持できなくなる可能性があるわけです。天皇の代替わりの儀式もありますが、「市民と野党の共闘」の前進によって、改憲スケジュールは狭く限られているわけです。また、さきほど冨田さんから去年の総選挙での得票数の紹介がありましたが、比例代表選挙の得票率は自民・公明あわせて45・7％で、立憲・共産・社民の合計は29・2％でした。改憲を推進する政権が両院の3分の2の議席を保有しているのはきわめて危険な状況ですが、同時に、それをくい止めようとする大きな運動が、平和、人権、民主主義など憲法の価値ある状況の全面実施を求めて進んでいます。決して、一方的に押されているわけでもなく、あきらめねばならない状況でもない。その両者の力関係を冷静にとらえることが大切です。

市民運動の力については、歴史的に見て、非常に重要な成熟の段階に入りつつあると思っています。少し時代をさかのぼりますが、戦前日本の大日本帝国憲法は、憲法とは名ばかりで、国民の主権も基本的人権も何も認めぬものでした。だからこそ自由民権運動など人権を求める様々な闘いがあったのです。しかし、それらの運動はいずれも1935年前後には弾圧で全国的な取り組みができなくなっていきます。その結果、日本では多くの人民が時の権力から主権や人権を勝ち取ったという歴史がありません。それらは、敗戦後のアメリカ軍による占領の下で、当時のアメリカ政府の中でもっとも民主的な流れといえるニューディール派のメンバーが草案を書いた日本国憲法によって初めて実現しました。帝国議会での審議はあり、様々な修正もありましたが、骨格は草案によって与えられました。その結果、自由権と社会権の双方をふくむ基本的人権、経済活動への「公共の福祉」にもとづく制限、男女平等、戦争の放棄など、画期的な憲法がつくられますが、多くの国民にとっては理解が及ばないという状況が生まれます。「平和憲法」の側面は大歓迎されましたが、たとえば生存権への理解はどうか、地方自治への理解はどうかといえば、多くの人がわからぬままだったと思います。

だから、その後、憲法を学び、憲法を実現しようという運動がつくられます。戦後の60年代、70年代には革新自治体づくりの運動が進みました。ベテランの方は、よくご存じだと思います。僕は75年に京都の立命館大学に入学しましたが、当時の京都府知事は蜷川虎三という人でした。その蜷川知事がいろいろな演説会で演壇に立つと、右翼が刃物をもってやってくるという時代でもありました。そこで学生運動の一番の下っぱだった私は、「防衛隊」という名前で会場の最前列に座っていました。暴漢がやってきたら「身を挺して守れ」ということです。「えっ、僕の人権は？」という話ですが、幸いそういう危険な目にはあわずに済んで、無事今日ここに座っています。その蜷川民主府政は、「憲法を暮らしの中に生かそう」という垂れ幕を京都府庁に下げ、毎年5月3日と11月3日の週には、府民に対する憲法教育も集中的に行っていました。蜷川府政は、社会保障に熱心だっただけでなく、経済活力も高く、教育力も高い見事な実績を残しました。75年には全国民の43％がこれをお手本とする革新自治体に暮らしていました。それを支えたのが、全国各地の「市民と野党の共闘」の地方版でした。当時は、革新統一戦線などと呼ばれていましたが。

「野党」の中心は社会党と共産党でしたが、80年に公明党が社会党を右に引き抜き、残念ながらこの共闘は壊れてしまい、全国の革新自治体もつぶれていきます。当時の市民運動はこれをくい止められず、その後、長い間、憲法水準からの一層の政治の後退を許すことになりました。話が少し飛びますが、その点で、昨年の衆院選直前に希望の党等によって民進党がまるごと右に引き抜かれようとした時に、これを食い止め、この激変に見事に対応して、結果的に立憲野党の議席を前進させた全国の市民運動の取り組みはすばらしいものでした。やはり歴史は前に進むものです。

90年代に「構造改革」や右翼の台頭、小選挙区制の導入などで社会の劣化が急速に進み、00年代には劣化した現状に憲法をあわせるという本末転倒の改憲案が次々現れます。これに対して04年には「九条の会」はじめ多くの護憲市民団体が立ち上がり、07年に一度は安倍政権を見事に倒しました。そして、一時的な民主党政権の後、人気を回復できないままに自民党政権が再登場し、これがメディアの囲い込みによって暴走を再開します。14年に集団的自衛権容認の閣議決定が行われ、15年には安保法制が強行されました。この動きを食い止めるため15年末に「市民連合」が立ち上げられるわけですが、画期的だと思ったのは、安保法制の廃止や立憲主義の回復にとどまらず、「個人の尊厳を擁護する政治」を実現するとしたことでした。戦後長く9条以外の問題ではなかなか憲法にかかわる運動が広がらなかったのが、ついに基本的人権を擁護する政治、個人の尊厳を擁護する政治をかかげる一大市民運動が誕生したのです。これは戦後史上はじめてのことであり、したがって日本の歴史上はじめてのことでした。

憲法の理念に市民運動の意識が追いついた

私は経済学者としてマルクスの『資本論』を読む機会がよくあるのですが、マルクスが描いたイギリスでの闘いでは、労働者や市民が闘って自らを守る法律を作り、次の闘いによってそれを拡充するという順序になっています。先に労働者や市民の合意の成熟があり、それを支配者たちに力で強制する闘いが続くわけです。それが日本の戦後の場合には、人民の合意や運動が不十分な中で、その意識をはるかにこえる法体系が占領軍主導の「戦後改革」によって生み出される。その結果、見事な憲法と戦後の国民の民主的成熟度に乖離が生まれ、この憲法を理解し、生かすまでに大きな力の不足が生じました。そこがようやく埋まってきたわけです。「保育園落ちたの私だ」というのは、子どもの生存権とともに親の労働権を守れということで、「返済不要の奨学金を」というのは国民の教育権を守れということです。いずれも近代憲法の自由権にとどまらない現代憲法がかかげた社会権に属する問題です。その理念にようやく市民運動の意識が追いついてきた。その意味で現在の運動はようやく日本国憲法段階の運動になったといえるように思います。その理解は「市民と野党の共闘」における7項目の合意に具体化されていますし、実は3000万署名の第2項目にも書き込まれています。この市民運動の成熟には大いに明るい可能性が、希望の灯があると思っています。ぜひその灯を大きくしていきましょう。

冨田　ありがとうございました。内田先生、お願いします。

憲法に生命を吹き込むことに失敗した戦後の日本人

内田　僕は世代的には戦後民主主義のど真ん中の生まれで、護憲派の親や先生たちに育てられて、日本国憲法がどれぐらい立派な憲法か、そこに掲げられている理想がどれほど素晴らしいものかを言われ続けて育ってきたはずなんですけれど、結局は憲法を空洞化してゆく流れを手を束ねて見ていた。憲法と民主主義の恩恵に豊かに浴しながら、憲法と民主主義のためにこれまでお前は何をしたきたのかと問われると答えに窮するのです。

日本人は自分たちで市民的自由を勝ちとったわけじゃないといま石川さんが言われましたけれど、その通りだと思います。戦後民主主義は日本の市民が戦い取ったものじゃない。日本人は明治以来、市民的自由のための闘いを戦い切ってはこなかった。国家が分泌するさまざまなタイプの政治的な幻想に対して明確に対峙できるような輪郭のはっきりした国家理念や政治理念を市民の側から手作りして、国家に対抗して立ち上げるということができなかった。国家に対抗する政治理念そのものをどこかからの輸入品で間に合わせようとした。自前の政治理念の形成に失敗し負け続けて来た。ところが、その後に、天から降ってきたような素晴らしい憲法と民主主義のシステムが与えられた。憲法と制度は素晴らしいものだったけれど、その仕組みに息を吹き込む、生命を与えるということに戦後の日本人は結局は失敗したのだと僕は思います。

石川さんの話を伺って、たしかによい話だとは思うけど、でも僕はそうすらすらと希望を語ることはできないんです。だって、もっともっといい国にできるチャンスがこれまで何度もあったのに、そのつど日本人は自分の手でそれを潰してきたわけですから。それはやはり市民的自由を自力で獲得したという歴史的な成功体験を有していなかったということが大きかったのではないかと思います。日本の市民的な脆弱性というものがある、そう感じます。たしかに立派な理念はある。でも、それが市民たちにおいてしっかり「受肉」していない。血が通っていない。だから、油断すると「ぶっちゃけた話、人間、所詮色と欲でしょ」みたいなベタなリアリズムに圧倒されてしまう。護憲のステートメントには、そういう薄汚いリアリズムを押し返すだけのリアリティがない。きれいすぎるんです。

国力とは経済力や軍事力ではない

じゃあお前はどうするんだということになりますけれど、先ほども言いましたが、僕は「国民を統合する力」がほんとうの国力だと思っています。国力というは経済力や軍事力ではありません。未来像を提示する力です。指南力のあるビジョンを持つ国が強い国です。国民全員が無条件に「ああ、それはいい。それには何の異議もないよ」と階層や政治的立場を超えて合意できるようなシンプルで雄渾な「国民の物語」、国際社会から共感と敬意を得られるような汎用性の高い国家像を提示できる国が真に国力のある国だと僕は思います。

実際に小国であっても見事なビジョンを出す国はあるわけです。例えばブータンは小国ですが「国民幸福度」という指標を提案した。国際社会に対して、国とはいかにあるべきかについて独特の見識を示した。それに国際社会が虚を衝かれた。そして、何億人の人が、一時的にではあれ、ブータンの言い分に耳を傾けた。

あるいはカナダのジャスティン・トルドー首相もそうです。カナダは軍事的にも経済的にも決して大国ではありませんけれど、トルドー首相のコメントはことあるごとに「いいことを言うな」としみじみ感心します。女性の登用でも、ＬＧＢＴでも、移民政策でも言うことにいちいち理があって、風通しがよい。カナダはＧＤＰは日本の３分の１ですし、兵力でも日本の４分の１ですけれど、国際社会から敬意とか共感を得ているという点では日本を圧倒しています。日本は戦後73年、国際社会に向けて「日本でなければ言えない」ような自力で手作りしたビジョンを一つも提示したことがありません。一つもないのです。「アメリカに賛成」しか言ったことがない。

日本固有の市民社会を手作りで

だから、取り組むとしたら、そこからしかないと思います。僕はとりあえず自分にできることをコツコツと手作りするつもりです。大きなことは言わない。自分の手に届くところで、身銭を切って、自分の手足を使って、日本の戦後民主主義に息を吹き込むという仕事をしたい。

戦中派の親や教師たちから託された「君たちが日本の民主主義的未来をつくるのだ」と言われて、気前のいい権限委譲を受けておきながら、その負託にまったく応えることができなかった自分の一生を振り返ると、あの世で親父にもかつての教師たちにも合わせる顔がない。「あれだけちゃんとした仕組みをのこしたのに、このザマか」と親父に言われたくない。ですから、残された人生を使って、戦中派の先人たちから託された「この憲法に身体を与える」という仕事を引き受けてゆきたいと思っています。それは要するに自分の手で市民的自由を勝ち取るという経験をするしかないということです。日本に固有の市民社会を手作りするしかない。出来合いのモデルを借りて済ますことはできない。血が通った政治制度でなければ意味がないんです。だから、自分の周りに手作りするしかない。

でも、そういうことを考えている人は、今の日本にはいっぱいいると思うんです。

たぶん何十万人、何百万人といる。そういう人たちが自分の周りに、自分の手の届くところに、自力で「来るべき未来社会」の雛形を作るという実践をしているはずです。そういう個別的な努力の蓄積がきっと未来を拓くだろうと思っています。

僕は仕事がら周りに若い人たちがたくさんいますが、彼らを見ていると希望を感じます。僕がどうこうしろと教えているわけではないのに、自発的に「こういうことをしたいと思います」と言って来る。それを聞くと、若い人はいいなあと思います。例えば、地方移住を始めた人、地方で農業や新しい仕事を立ち上げた若い人たちが何人もいます。移住支援のNPOの窓口に来た若者たちはここ数年で10倍に増えたそうです。こういうことは表向きは今の政治的な体制に対する反対の意見表示ではないですけれど、一人ひとりがライフスタイルを変えてゆくという仕方で、地に足がついたところから社会システムそのものの改革を進めようとしている。メディアはほとんど報じませんけれど、そういう新しい生き方を選ぶ若者たちが増えている。

新しい時代を切り拓く新しいアイデアはつねに思いがけないところから、思いがけない人がもたらすものです。これはあらゆる領域の創造に見られることです。真に新しいものは、思いがけないところから、思いがけない人が担って登場してくる。それはまったく予見できません。ですから、現状がいくら悲観的であっても、思いがけないことが必ず起こる。そこに僕は希望を託したいと思っています。

私たち自身が希望を捨てることなく

冨田　ありがとうございました。当面の短期的なことでは改憲を阻止し、民主主義、立憲主義、平和主義を取り戻す。そのためには市民連合とそして市民と野党との共闘、これを拡大していく。具体的には3000万署名などに取り組んでいくことがまず第一で、それを通じてまず短期的に日本社会の民主主義が壊れていくことをとにかく止める。そしてその上に、内田先生がおっしゃられたような希望を作っていくというか、広げていく。その中で、日本人が初めて市民として、内田先生は市民社会的なものと言われましたが、本当の意味での市民社会、自分たちが自分たちの力で作りあげていく、そういう意味での市民社会を作り上げていくことができるような気がします。

そして長期の夢はこれから何十年とかけて実現していかなければならないのだけど、それを実現するためにもこの1年、2年の頑張りが本当に求められているのだと思います。特に石川先生が言われたように結局、安倍君の方が2019年7月というタイムリミットを課せられているわけで、追い詰められているのです。ですからこの短い期間、本当に全力で、私たち自身が希望を捨てることなく闘い抜いて、そしてその先に今まで見たことのない新しい日本の姿を展望していきたいと思います。内田先生、石川先生、長時間どうもありがとうございました。みなさん、ご清聴どうもありがとうございました。

本書は２０１８年２月21日に開催されたビッグ鼎談「憲法が生きる政治へ」（西宮革新懇主催）をもとに、構成・編集したものです

【著者紹介】

内田　樹　1950年生まれ。凱風館館長。神戸女学院大学名誉教授。京都精華大学人文学部客員教授。フランス現代思想など。著書に『日本の覚醒のために―内田樹講演集』(晶文社)、『街場の共同体論』（潮新書）、『日本辺境論』（新潮新書）など多数。

石川康宏　1957年生まれ。神戸女学院大学文学部総合文化学科教授。経済理論・経済政策。憲法が輝く兵庫県政をつくる会代表幹事、全国革新懇代表世話人。著書に『マルクスのかじり方』（新日本出版社)、『若者よ、マルクスを読もう』（内田樹氏との共著、かもがわ出版）など多数。

冨田宏治　1959年生まれ。関西学院大学法学部教授。日本政治思想史。2006年より原水爆禁止世界大会起草委員長。著書に『核兵器禁止条約の意義と課題』（かもがわ出版)、『丸山眞男―「近代主義」の射程』（関西学院大学出版会)、『丸山眞男―「古層論」の射程』（同）など多数。

企画協力：西宮革新懇

憲法が生きる市民社会へ

2018年5月20日　初版第1刷発行

著者　内田　樹、石川康宏、冨田宏治
発行者　坂手崇保
発行所　日本機関紙出版センター
〒553-0006　大阪市福島区吉野3-2-35
TEL 06-6465-1254　FAX 06-6465-1255
http://kikanshi-book.com/　hon@nike.eonet.ne.jp
本文組版　Third
編集　丸尾忠義
印刷・製本　シナノパブリッシングプレス
ISBN 978-4-88900-958-3